Dinistr Jerusalem a Cherddi Eraill
Eben Fardd

Eben Fardd oedd enw barddol adnabyddus Ebenezer Thomas (1802-1863). Yn enedigol o Lanarmon, Gwynedd, gweithiodd fel athro mewn nifer o ysgolion yn Eifionydd a Llŷn, ac mewn mân swyddi eraill.

Roedd ei ddiddordeb mewn barddoniaeth yn amlwg o'n gymharol ifanc, a daeth ei lwyddiant eisteddfodol cyntaf yn 1824 pan enillodd cadair Eisteddfod Powys yn y Trallwng, gyda'i awdl *Dinistr Jerusalem*, ei gerdd fwyaf ac enwocaf. Daeth llwyddiannau niferus eraill iddo mewn eisteddfodau rhanbarthol dros y degawdau nesaf; roedd hefyd yn emynydd o fri. Bu farw ond ychydig flynyddoedd ar ôl sefydlu'r Eisteddfod Genedlaethol ac nid enillodd yr un o brif wobrau'r sefydliad hwnnw, er iddo gystadlu'n aflwyddiannus yn Eisteddfod 1862 gyda'i awdl *Y Flwyddyn*.

Eben Fardd oedd un o feirdd Cymraeg mwyaf a phwysicaf ei oes: yng ngeiriau Thomas Parry, "gellir dweud fod ynddo fwy o anianawd y gwir fardd nag odid neb o feirdd eisteddfodol y bedwaredd ganrif ar bymtheg." Gwelir yn ei waith cynnar uchafbwynt clasuriaeth ddisgrifiadol y Gymraeg, ac yn ei waith diweddarach dechrau Rhamantiaeth.

Lluniau'r clawr:
Rhannau o
The Siege and Destruction of Jerusalem by the Romans under the Command of Titus, A.D. 70 (1850)
David Roberts (1796 – 1863)
Statws llun: Parth cyhoeddus

Hawlfraint y testun diwygiedig:
©Melin Bapur 2024

Ni ellir atgynhyrchu unrhyw ran o'r llyfr hwn heb ganiatâd, ac eithrio at ddibenion adolygiad llyfr.

Cedwir pob hawl.

ISBN:
978-1-917237-35-2

Eben Fardd
(Ebenezer Thomas; 1802-1863)

Dinistr Jerusalem a Cherddi Eraill

Llyfrgell Gymraeg Melin Bapur
Golygydd Cyffredinol: Adam Pearce

Llun gan John Thomas o Eben Fardd yn eistedd mewn cadair farddol ac yn arddangos nifer o'i wobrau.

Cynnwys

Rhagair vii
Gwagedd y Byd yn Angau 1
I Ddadleuwr Cecrus a Gwaedwyllt 2
Cywydd Diolch 3
Myfyrdod Ymysg y Beddau 4
O'r Byd i'r Bedd 6
Cywydd Bodlondeb 8
Dinistr Jerusalem 12
Myfyrdod ar Lan Afon 28
Cân yr Unig 29
Molawd Clynnog 32
Heddiw ac Yfory 33
Morwr yn Canu'n Iach i'w Gariad 35
Eifionydd 36
Rothsay Castle 39
Mangofion am Chwilog 51
Afaon *(Detholiadau)* 54
   Afaon yn Ifanc 54
   Ffarwel Athro Afaon i'w Ddisgyblion 57
   Olwen yn cyfarch Afaon 58
Ymweliad â Llangybi 59
Dameg y Llysieuyn 64
Deigryn ar ôl Ieuan Glan Geirionnydd 65
I Fy Mhlant, Mehefin 23, 1855 66

Brwydr Maes Bosworth 67
Dychymyg 101
Emynau 102
   Y Diwedd yn Nesáu 102
   Mawredd Duw 103
   Crist yn Graig Ddisigl 104
   Ofnau ac Amheuon 105
   Cyfoeth Gair Duw 107
   Emyn Cynhaeaf 108
Mynegai Llinellau Cyntaf 109

Rhagair

Ganwyd Eben Fardd yn Llanarmon, Gwynedd, yn 1802, yn fab i rieni tlawd ond uchel eu parch. Er iddo dreulio cyfnod yn gynnar yn ei oes yn fel gwehydd, sef galwedigaeth ei dad, llyfrau ac astudio oedd ei brif diddordebau. Dychwelodd i'r ysgol, gan ddod wedyn yn athro. Bu fyw yn ardal Llŷn ac Eifionydd drwy gydol ei fywyd, gan weithio am gyfnod yn Llangybi, cyn ymsefydlu yn y pendraw yng Nghlynnog Fawr a dod yn ysgolfeistr yn yr ysgol yno. Cyfarfu â'i wraig Mary yng Nghlynnog a'i phriodi hi yn 1830, a Chlynnog oedd eu cartref am weddill ei oes. Cadwai Mary popty; ychwanegodd Eben at ei gyflog fel athro drwy weithgareddau eraill fel rhwymo llyfrau a gweithio fel postfeistr ac mae'n debyg y bu'r ddau'n byw'n weddol gyffordus, fel a dystir gan ei garreg fedd crand ym mynwent eglwys Clynnog. Cawsant bedwar o blant. Roedd rhieni Eben yn Fethodistiaid digon selog, ac er iddo yntau adael yr eglwys yn 1822, roedd wedi ail-ymuno erbyn 1839 ac yn rhan olaf ei oes derbyniai gyflog gan y Cyfarfod Misol am gynnal ei ysgol. Eisteddfodau oedd prif ganolbwynt dramatig bywyd Eben Fardd am y rhan fwyaf o'i oes, boed hynny fel cystadleuydd neu'n ddiweddarach fel beirniad hefyd. Mewn cyfnod o ychydig flynyddoedd yn yr 1850au, fodd bynnag, collodd dri o'i blant a Mary hefyd; profedigaethau enbyd y credir iddynt ysgogi rhai o'i emynau hwyr.

Daeth dawn farddonol Eben Fardd i'r amlwg yn gynnar iawn, ac mae'r cerddi cynharaf o'i eiddo sydd wedi goroesi yn waith bachgen yn ei arddegau. Daeth dan ddylanwad a hyfforddiant grŵp o feirdd o Eifionydd oedd yn adnabyddus iawn yn eu hoes, yn eu plith Siôn Wyn a Dewi Wyn o Eifion. Talodd deyrnged i'r beirdd hyn yn ddiweddarach yn ei gerdd *Eifionydd*. Ymysg gweithiau cynnar y bardd mae nifer o gerddi yn hen draddodiad y bardd cymdeithasol: cerddi mawl (i sefydliadau), neu rai a gomisiynwyd gan "gwsmeriaid" at ryw ddiben penodol. Ystyriwyd y rhain oll yn ddiwerth gan feirniaid megis E. G. Millward, fodd bynnag rydw i wedi cynnwys un enghraifft ohonynt yn y *Cywydd Diolch* "i ferch Richard Jones."

O ddiddordeb mwy, hwyrach, yw'r gyfres o gerddi cynnar pruddglwyfus ar fesurau amrywiol (caeth a rhydd) a gyfansoddodd y bardd rhwng 1819 ac 1826. Yn y rhain, sy'n cynnwys *Gwagedd y Byd yn Angau* (un o'r cerddi cynharaf o'i eiddo a gyhoeddwyd), *Myfyrdod Ymysg y Beddau* (honnai un llawysgrif bod y bardd wedi ysgrifennu'r gerdd hon â'i fys, yn ei waed ei hun), *Cân yr Unig*, a *Myfyrdod ar Lan Afon*, mae'r bardd ifanc yn myfyrio mewn dull protoramantaidd ar freuder a byrder bywyd dyn. Mae'n bosib mai'n perthyn i'r cyfnod hwn hefyd y mae *O'r Byd i'r Bedd*, sydd mewn cywair tebyg, er y gall hon fod yn gerdd hwyrach o lawer. Yn y *Myfyrdod ar Lan Afon*—y gorau, hwyrach o'r cerddi hyn—dygir natur i'r drafodaeth hefyd â throsiad estynedig hyfryd. Efelychiadau yw'r rhain o'r math o gerddi a ysgrifennwyd gan yr ysgol "cyn-ramantaidd" ym marddoniaeth Saesneg, y "*Graveyard Poets*" fel Robert Blair, Thomas Gray ac eraill a fu'n boblogaidd ar ddiwedd y ddeunawfed ganrif. Cydnabyddir mai'r beirdd hyn yw rhagflaenwyr Rhamantiaeth yn Saesneg, ac yn y gweithiau cynnar hyn gan Eben Fardd yn ei dro gwelir eginyn y mudiad Rhamantaidd ym marddoniaeth Gymraeg, eginyn a dyfasai'n lasbren egnïol yng ngweithiau diweddarach y bardd. Fodd bynnag, nid oedd yn fardd hollol di-hiwmor, fel y mae'r gyfres o englynion difyr *I Ddadleuwr Cecrus a Gwaedwyllt* yn dangos.

Rhagair

Ers yn gynnar iawn yn ei yrfa bu Eben Fardd yn cwestiynu'r mesurau caeth. Yn yr 1820au cynnar ysgrifennodd awdl (heb ei chynnwys yma) â'r teitl hunanesboniadol *Dyrnodiau ar bedair cadwyn ar hugain sy'n dal meddyliau Beirdd Cymru yn gaeth yng Ngharchardy Cerdd Dafod*. Mynegodd farn gyffelyb drwy'r 1830au. Serch hynny, awdlau yw prif sylwedd ei waddol barddonol, ac ysgrifennodd nifer fawr ohonynt, gydag enghreifftiau i'w cael o'r blynyddoedd cyntaf hyd at fynyddoedd olaf ei yrfa farddonol. Ar gyfer cystadlaethau Eisteddfodol cyfansoddwyd llawer ohonynt ac amhosib mewn gwirionedd fyddai gwahanu gyrfa Eben Fardd oddi wrth y traddodiad Eisteddfodol (nad oedd eto ond yn gymharol ifanc yn ystod ei fywyd ef). Awdl a enillodd gystadleuaeth mewn Eisteddfod oedd ei lwyddiant cyhoeddus cyntaf, a'i gerdd enwocaf oll: *Dinistr Jerusalem*, a gyfansoddwyd ar gyfer Eisteddfod y Trallwng yn 1824. Dim ond dau ar hugain oed oedd y bardd; ond ym marn llawer ni ragorodd erioed ar yr awdl hon, ac anodd yw anghytuno â'r farn honno.

Roedd testun y gystadleuaeth, sef gwarchae a dinistr Jerusalem gan y Rhufeiniaid yn 70 O.C., yn un oedd at ddant nifer o feirdd ac arlunwyr Ewrop yn ystod y cyfnod (gweler gwaith yr Albanwr David Roberts ar glawr y gyfrol hon, er enghraifft). Ffynhonnell Eben Fardd oedd gwaith yr hanesydd Iddewig Flavius Josephus (37-c.100 O.C.), a fu'n llygad-dyst i'r gyflafan; ymddangosodd cyfieithiad o waith Josephus i'r Gymraeg yn 1819.

Mae tair rhan i'r gerdd, er nad oes penawdau amlwg i'w gwahanu. Mae'r rhannau hyn yn disgrifio'r ddinas cyn, yn ystod ac ar ôl y gwarchae. Hwyrach mai llinellau mwyaf cofiadwy'r gerdd yw'r rhai yn yr ail ran, sy'n cynnwys rhai o ddelweddau mwyaf arswydus a dirdynnol unrhyw gerdd Gymraeg o'r cyfnod:

Eben Fardd

> Bu a chig y beichiogion—frasáu gwêr
> Hyd ryw nifer o'r adar annofion!
> ...
> Trwy'r ddinas, galanas wna'r gelynion,
> A gorwygant yn anrhugarogion;
> Lladdant, agorant fabanod gwirion;
> Ow! rwygo, gwae rwyfo y gwyryfon!
> Anniddanol hen ddynion—a bwyant!
> Hwy ni arbedant mwy na'r abwydion.
> ...
> Llithrig yw'r palmant llathrwyn,
> Môr gwaed ar y Marmor gwyn.

Ym marn beirniaid fel Thomas Parry ac R. M. Jones roedd y gerdd hon yn uchafbwynt o ran clasuriaeth ddisgrifiadol yn y Gymraeg. Crybwyllir *Cywydd y Farn Fawr* Goronwy Owen yn aml fel dylanwad a rhagflaenydd i'r gerdd gan sawl beirniad. Aeth W. J. Gruffydd, a ystyriai awdur y gerdd yn fardd blaenaf y ganrif, ymhellach, gan enwi'r gerdd yn un o "awdlau gwychaf" yr iaith. Heb os dyma gampwaith Eben Fardd, er gwaethaf mor ifanc ydoedd pan gyfansoddodd yr awdl (heriodd rhai mai Dewi Wyn o Eifion, athro barddonol Eben, oedd gwir awdur y gerdd; ymddengys na fu sail o gwbl i'r cyhuddiadau hyn).

Mae i gerddi byr, rhydd y bardd o'r cyfnod rhwng 1826 ac 1840 naws mwy syml, uniongyrchol ac yn sicr yn fwy llawen na chanu "mynwentaidd" ieuenctid y bardd. Bro ei febyd yw'r prif destun dan sylw, a rhestrir rhai o'r cerddi hyn gan nifer o feirniaid ymhlith y goreuon o'i gerddi byr, yn eu plith *Mangofion am Chwilog*, y molawd *Eifionydd*, a "tribannau swynol" *Molawd Clynnog*, sef rhai o gampweithiau'r bardd ym marn Robert Rhys. Serch hynny mae tinc yr hen brudd-der yno o hyd, yn hiraeth clo *Mangofion am Chwilog*:

Rhagair

> Mae eto'r fath bleser mewn prudd-der,
>   A mwyniant o drymder ar dro
> Na fynnwn, pe medrwn ymatal,
>   Byth beidio â'u cynnal mewn co'!

Roedd llongau a'r môr hefyd yn destun oedd yn amlwg at ddant Eben Fardd, a chyfansoddodd lawer o gerddi amdanynt. Cynrychiolir yr agwedd hon o'i waith yn y gyfrol hon gyda'r gerdd *Morwr yn Canu'n Iach i'w Gariad* a rhannau o'i gerddi *Molawd Clynnog* ac *Afaon,* ond yn bennaf oll yn ei awdl eisteddfodol nesaf: *Long-ddrylliad yr Agerlong Rothsay Castle,* a luniwyd ar gyfer Eisteddfod Biwmares yn 1832. Llong oedd y *Rothsay Castle* a suddodd oddi ar arfordir Ynys Môn gan ladd dros gant o'i deithwyr a'i chriw. Ymddengys y bu esgeulustod a di-glemdra'r capten a'r cwmni yn ffactorau allweddol yn y drasiedi, ond nid yw Eben Fardd yn dewis archwilio'r agweddau hyn, gan gadw at ddisgrifio'r suddo. O ran arddull os nad safon felly, y gerdd hon yw'r agosaf a ddaeth at ail-greu *Dinistr Jerusalem,* yn enwedig yn y rhannau mwyaf dirdynnol:

> O'u tirion iechyd rhai a wanychent,
> Gofal, gallu, a gafael a gollent;
> Mwy i wyll angau hwy ymollyngent;
> Wele'r awr olaf!—i lawr yr elent!
> Ar dir angof oer hwy dïengent— mewn dychryn,
> Ym mol anoddyn hwy ymlonyddent!

Ym marn E. G. Millward cysgod gwan oedd y gerdd o gyrhaeddiad blaenorol y bardd. Er nad yw'r gerdd hwyrach yn rhagori ar ei awdl enwog, credaf ei bod hi'n haeddu clod uwch nag a roddodd Millward iddi, ac mae'n rhyfedd i mi na ddewisodd trafod y gerdd yn fwy nag y gwnaeth, ac na chrybwyllodd W. J. Gruffydd y gerdd o gwbl.

Eben Fardd

Methiant fu'r gerdd yn Eisteddfod Biwmares fodd bynnag (a enillwyd gan Caledfryn) a bu'n rhaid i Eben Fardd aros nes 1840 cyn blasu llwyddiant Eisteddfodol eto, y tro hwn gyda'i awdl *Cystudd, Amynedd ac Adferiad Job* (heb ei chynnwys). O'i chymharu â *Dinistr Jerusalem*, ac yn wir awdl y *Rothsay Castle*, mae'n gerdd anghyson braidd, nad yw ei thestun yn gweddu i'r dull disgrifiadol.

Lluniodd Eben o leiaf un awdl arall yn yr 1840au, sef *Awdl y Cynhaeaf* (heb ei chynnwys yma), ond ar ddiwedd y ddegawd daeth un o gerddi pwysicaf y bardd. Fel y nodwyd eisoes bu Eben Fardd yn cwestiynu'r mesurau caeth ers yn gynnar yn ei yrfa. Roedd Goronwy Owen wedi cwestiynu gallu'r mesurau caeth i gynhwyso ei uchelgais fawr, sef arwrgerdd hir, ac er gwaetha'i holl awdlau eisteddfodol adlewyrchwyd y gofid hwn ym marn Eben. Erbyn 1850 roedd yn barod i efelychu a rhoi ar waith yr uchelgais na fu erioed yn fwy nag uchelgais yn nwylo Goronwy. Roedd cadair Eisteddfod Rhuddlan y flwyddyn honno i'w wobrwyo i'r "Bryddestawd orau ar y mesur bynnag a ddewiso y cyfansoddydd ar *Yr Atgyfodiad* (Na fydded di-odl)". Cyfansoddiad enfawr, miloedd o linellau o hyd oedd cyflwyniad Eben, a'i ddyled i Milton yn hollol amlwg. Bu dewis cerdd fyrrach a symlach o lawer o eiddo Ieuan Glan Geirionnydd yn fuddugol yn destun siomedigaeth fawr i Eben ar y pryd, ond clodforwyd ei ymdrech yn helaeth yn wasg, ac esgorodd ar gannoedd o ymdrechion cyffelyb dros weddill y ganrif—pob un ohonynt yn gyfan gwbl ddiwerth ym marn Thomas Parry, a rhinwedd yn rhannau o ambell un yn unig yn y farn gyffredinol. Mae'r gerdd yn rhy hir i'w chynnwys mewn casgliad o'r fath yma; a methiant llenyddol yw *Yr Atgyfodiad* ei hun hefyd ym marn E. G. Millward: "nid yw 'arucheledd' straenllyd y bryddest hon ddim namyn rhethregu chwyddedig," a'i mesur yn llesteirio ei heffaith.

Os mai at arucheledd cyfanfydol yr oedd Eben yn

ymdrechu gydag *Yr Atgyfodiad*, yna testun tra phersonol sydd i'r gerdd hir nesaf yn y casgliad hwn. Cerdd hunangofiannol yw *Afaon* sy'n croniclo datblygiad awen farddonol bardd ifanc, ei berthynas a'i athrawon, a'i garwriaeth. Cerdd yw hi, neu gyfres o gerddi mewn gwirionedd, sy'n defnyddio'r mesurau caeth a rhydd ill dau, ac mae rhan ohoni yn Saesneg hyd yn oed, tystiolaeth bod Eben yn arbrofi gyda ffurf. Yn ogystal â'r cyfuniadau mesurol mae'r gerdd yn cynnwys rhai o gerddi mwyaf teimladol a hyfrytaf y bardd, megis cyfarch athro Afaon i'w ddisgyblion (cofiwch mai ysgolfeistr oedd Eben ei hun) a chyfarchiad Olwen, cwyn serch syml, annwyl (sy'n fersiwn ddiwygiedig o gerdd ysgrifennodd Eben yn yr 1820au yn wreiddiol). Ceir adlais eto o'r canu mynwentaidd yn yr *Englynion Galar*. Fel cymaint o gerddi hir Eben Fardd mae'n un anghyson, fodd bynnag, ac unir y rhannau hyn gan rai o linellau mwyaf *kitsch* a dagreuol y bardd:

> O! Ystyriwch yr amddifad,
>   Heb na mam na thad na thŷ!
> Brawd na chyfaill i'w amddiffyn
>   Rhag y saeth yn rhwygo sy;
> Daw o'i lygaid ymysg estron,
>   Ddagrau lleithion hyd y llawr:

Mae'r gerdd yn gorffen yn ar ganol y stori megis, ar ddiwedd ffug-ymryson barddol rhwng Afaon a bardd arall, heb fynd ymlaen i bortreadu'r bardd yn ei lawn dwf (tybed ai blino a rhoi'r gorau i'r gerdd gwnaeth y bardd?). Wrth ddethol cerddi ar gyfer y gyfrol hon rydw i wedi osgoi cynnwys rhannau'n unig o gerddi, fodd bynnag rydw i wedi gwneud eithriad ar gyfer *Afaon*: fel cyfanwaith, llanast yw'r gerdd; fodd bynnag mae ei hisadrannau gorau'n gweithio'n berffaith iawn fel cerddi ar eu pennau eu hunain, ac maent wedi eu cynnwys yma.

Beth bynnag oedd barn Eben Fardd ynghylch addasrwydd neu anaddasrwydd y mesurau caeth, daliodd ati i'w ddefnyddio drwy gydol ei yrfa a chywyddau yw dwy o gerddi byr orau rhan olaf ei yrfa. Testun a chymeriad tebyg ar y cyfan sydd i'r cywyddau *Ymweliad â Llangybi* a *Dychymyg* i'r cerddi rhydd cynharach am Eifionydd; y cyntaf o'r rhain yw cerdd fer orau'r bardd mewn mesur caeth, ym marn Robert Rhys.

Daeth trydedd fuddugoliaeth Eisteddfodol Eben Fardd, a'i olaf, yn Llangollen yn 1858 gyda *Brwydr Maes Bosworth*. Erbyn hyn roedd yn fardd enwog. Fel yn achos *Dinistr Jerusalem* a *Rothsay Castle* dyma ddisgrifiad o ddigwyddiad hanesyddol, ac mae i'r awdl yr un strwythur driphlyg—cyn, yn ystod, ar ôl—ag a ddefnyddiodd yn y cerddi cynharach; serch hynny diddorol iawn yw sylwi ar y newidiadau a fu yn arddull y bardd dros y degawdau. Cyfarchiad i'r Awen sy'n dechrau'r gerdd—un o hoff gonfensiynau'r rhamantwyr Saesneg; ac un o hoff ystrydebau Eben Fardd erbyn rhan olaf ei yrfa—a mynd ymlaen i restru gormesion amrywiol y Cymry wrth law'r Rhufeiniaid. Daw "Hen Dderwydd" i'r llwyfan i broffwydo y bydd y Cymry, rywdro, yn fuddugol ac yn unbeniaid ar yr Ynys eto; a thrwy hynny ar yr un pryd yn cysylltu'r gerdd â hen draddodiad y canu proffwydol ac yn tanlinelli Rhamantiaeth arwrol y gerdd. Wedi gorffen araith yr Hen Dderwydd, sef dros saith deg o linellau o farddoniaeth, aiff Eben ymlaen i fanylu ar boenau pellach y Cymry dan ormes y Saeson a'r Normaniaid yn eu tro; cyn i Harri Tudur, arwr Bosworth, ymddangos o'r diwedd bron i drichant o linellau wedi dechrau'r gerdd. Ac wrth gwrs,

> Pwy wisg y Rhosyn gwyngoch?

> Cymro da, o waed cyfa' coch!

Rhagair

Pwysleisir Cymreictod Harri Tudur droeon eto, ac wedi manylu ar ei orchestion yntau (ac amryw o Gymry eraill)—a hynny dan faner y Ddraig Goch wrth gwrs—gorffenna'r gerdd drwy bwysleisio mai o dras Harri Tudur yw'r frenhines Fictoria, a dymuno hir oes iddi. Yn wahanol iawn i'r awdlau cynnar felly, yn yr awdl hon mae Eben yn gosod ei gerdd mewn cyd-destun hanesyddol a gwleidyddol: ymdrech fwriadol iawn sydd yma i lunio cerdd ag iddi swyddogaeth genedlaethol, hanesyddiaethol, ac yn amlwg roedd yn gerdd bwysig yn ei yrfa. Mae'n gerdd anghyson iawn serch hynny: ceir darnau disgrifiadol gwych o'r frwydr ei hun, er enghraifft y disgrifiad o'r saethwyr a'r cynganeddu pwerus yn araith Rhisiart, ond ar yr un pryd ceir rhai o linellau mwyaf llipa, chwithig a gwirion y bardd, fel yn y mawl i'r Frenhines Fictoria (sydd i'w hystyried yn Gymraes, wrth gwrs!) sy'n cloi'r gerdd. Ceir yn y gerdd enghreifftiau mynych hefyd o un o'r ffaeleddau hynny y beirniadwyd beirdd y cyfnod gymaint amdani, sef gosod cynnwys eu cerddi islaw anghenion y gynghanedd: cyfeirir at Harri Tudur, ar wahanol adegau o'r gerdd, naill ai fel Harri, Henry, Rismwnt, Richmond, Tudur neu Ap Tudur, yn ôl galw cynghanedd y llinell, mewn ffordd sy'n drysu'r darllenydd o hyd ynghylch pwy yn union sy'n gwneud beth, gan danseilio'r llif storïol y mae cerdd o'r fath yn dibynnu arno. Cerdd ddiddorol eithriadol, ond un sy'n gyfangwbl o'i oes, nad yw fel cyfanwaith yn meddu ar ddim o ffresni nac uniongyrchedd *Dinistr Jerusalem*, er gwaethaf rhai adrannau sy'n drawiadol ynddynt eu hunain.

Mae'r cyferbyniad rhyfedd sydd i'w weld yn safbwynt gwleidyddol *Brwydr Maes Bosworth* yn hollol nodweddiadol o hunaniaeth Gymreig y cyfnod: condemnio gormes hanesyddol y Brythoniaid wrth law'r Saeson yn y termau mwyaf llym, a dyrchafu Llywelyn a Glyndŵr yn arwyr am feiddio'i wrthsefyll; ond ar yr un pryd yn ymhyfrydu ym

Eben Fardd

Mhrydeindod Cymru'r presennol a chlodfori'r frenhiniaeth a'r ymerodraeth gyda holl sêl y ddiweddar-droëdig. Mae'r gerdd yn brawf clir o'r ffordd na welai Cymry'r bedwaredd ganrif ar bymtheg, hyd yn oed ffigurau diwylliannol mwyaf blaenllaw'r Iaith Gymraeg (os nad hwythau'n enwedig!), unrhyw fath o anghysondeb neu anghydweld rhwng Prydeindod a Chymreictod. Adlewyrchwyd y ffaith hon yn agweddau eraill o'u hunaniaeth hefyd: ysgrifennodd Eben ei ddyddiadur personol a llawer o'i feirniadaeth yn Saesneg, ac ymddengys mai tra phesimistaidd ydoedd am ddyfodol yr iaith Gymraeg er ei fod yn byw mewn oes pan oedd tri chwarter o'i gyd-Gymry'n dal i'w siarad. Yn ei ysgol, gwyddom iddo ddefnyddio'r *Welsh Not* i gosbi ei ddisgyblion am siarad Cymraeg.

Yn 1861, tua diwedd ei fywyd, cyhoeddwyd *Emynau Eben Fardd* ac er nad oes dyddiadau wedi'u rhoi ar yr emynau unigol mae'n ymddangos bod yr emynau hyn wedi'u cyfansoddi ar adegau gwahanol yn ystod ei fywyd. Roedd emynau'n amlwg yn rhan bwysig o'i allbwn ac rydw i wedi dewis chwech ohonynt, gan gynnwys *Crist yn Graig Disigl* sef ei emyn enwocaf.

Dim ond ym mlynyddoedd olaf bywyd Eben Fardd sefydlwyd yr Eisteddfod Genedlaethol; cystadlodd yn aflwyddiannus gyda'r awdl *Y Flwyddyn* (heb ei chynnwys) yn eisteddfod Genedlaethol Caernarfon 1862, sef yr ail Eisteddfod genedlaethol erioed; ond ni chafodd gyfle arall i ymgeisio am un o brif wobrau'r ŵyl honno. Ymgais sydd yma i ail-gydio yn yr arddull ddisgrifiadol a ddaeth â llwyddiant iddo ddegawdau ynghynt; ond er i O. M. Edwards ystyried y gerdd yn gampwaith rhaid cytuno â'r farn gyffredinol mai methiant llwyr yw'r gerdd, sy'n cynnwys rhai o'r llinellau cynganeddol mwyaf anhraethol ddi-chwaeth yn llenyddiaeth Gymraeg, fel yn ei ddisgrifiad o ŵyn y gwanwyn:

Ymlammant yn aml yma,
Â'u '*me*' mwyn, a'u '*ma*,' '*ma*,' '*ma*;'
...
Miwsig oen ym maes gwanwyn,
O! Y mae yn fiwsig mwyn!
A mamog weithiau'n mwmian
Y fwy cre' 'i '*me*' na'r ŵyn mân;—
Bref côr yn brefu cariad,
Neb yn medru brefu brad;

Ni fyddai'r Bardd Cocos ei hun yn suddo i'r fath sothach. Er mai bardd disgrifiadol oedd Eben Fardd ar ei orau ac er ei fod yn broto-Ramantydd os nad yn Rhamantydd llawn erbyn y diwedd, ni fu erioed yn fardd natur, ac anodd, mewn gwirionedd, yw cael hyd i lawer sydd o werth yn y gerdd hon; trueni mai hi oedd ei gyfraniad olaf i'r traddodiad y gwnaeth cymaint i'w sefydlogi a'i barchuso.

Ble mae Eben Fardd yn sefyll yn ffurfafen barddoniaeth Gymraeg? Enwyd ef gan W. J. Gruffydd yn 1923 "yn ddiamau ymhlith pedwar neu bump o feirdd blaenaf y genedl," ond prin y byddai modd cyfiawnhau hynny heddiw, ac roedd Gruffydd yn barod iawn i gydnabod bod cryn anghysondeb i waith Eben Fardd ar y cyfan. Nid yw maint y gydnabyddiaeth a dderbyniwyd gan y cerddi—yn enwedig yn ystod oes Eben ei hun—yn cyd-fynd bob tro â'u hansawdd, yn achos *Job* ac *Yr Atgyfodiad* er enghraifft. Gorchestweithiau cydnabyddedig yw ei gerddi gorau, ond pytiau yn unig o ddisgleirdeb a geir yn rhai eraill o'i gerddi, yn aml iawn ochr-yn-ochr a'r deunydd salaf. Gellir dweud yr un peth am bron bob un o feirdd y bedwaredd ganrif ar bymtheg fodd bynnag, ac o'i farnu yn ôl ei weithiau orau yn unig byddai Eben Fardd yn rhan deilwng o unrhyw drafodaeth ynghylch bardd Cymraeg orau'r ganrif. Pe nad ysgrifennwyd yr un gerdd rhydd yn ystod y ganrif honno, byddai modd dadlau dros gynnig ei enw ef yn unig.

Cerddi hirion oedd cyfran sylweddol o allbwn barddonol y bardd a cherddi hirion, gellid dadlau, yw ei gerddi pwysicaf; fodd bynnag byddai'r gyfrol bump neu chwe gwaith yn hirach pe bawn i wedi cynnwys pob un ohonynt. Beirniadwyd *Gweithiau Barddonol Eben Fardd* gan W. J. Gruffydd am gynnwys gormod o gerddi, a thrwy hynny, am fod gormod o weithiau llai'r bardd ynddi (serch hynny, hepgorwyd yr emynau'n llwyr yn y gyfrol honno). Gwnaed y gwrthwyneb yng nghyfrol Eben yng nghyfres O. M. Edwards, *Cyfres y Fil* (a gyhoeddwyd yn 1906; hithau, hyd y gwn i, yw'r cyhoeddiad diweddaraf cyn y gyfrol hon i gynnwys gwaith Eben Fardd yn unig), nad yw'n cynnwys dim ond tair cerdd: *Dinistr Jerusalem, Brwydr Maes Bosworth* ac *Y Flwyddyn*.

Ceisio troedio'r tir canol rydw i gyda'r gyfrol hon. Wrth ddethol cerddi ar gyfer y gyfrol hon rydw i wedi ceisio adlewyrchu'r bardd ar ei orau. Tair o'r cerddi hirion sydd wedi'u cynnwys yn eu cyfanrwydd: *Dinistr Jerusalem, Rothsay Castle* a *Brwydr Maes Bosworth*. Wrth gwrs, goddrychol braidd yw natur unrhyw dasg o'r fath; gadewais fodd bynnag i farn beirniaid eraill fel Robert Rhys, W. J. Gruffydd ac E. G. Millward fy llywio i ryw raddau ac os yw un o'i gerddi byrion wedi'i chrybwyll a'i thrafod ganddynt yn eu beirniadaethau yna rydw i wedi'i chynnwys yma. Dewisiadau personol yw'r gweddill.

AP. 2024

Llyfryddiaeth (ddethol):

Gruffydd, W. J. (1926) 'Eben Fardd', *Y Llenor* 1926. tt137-148; 245-255.

Millward, E. G. (1988) *Eben Fardd (Llên y Llenor)*, Caernarfon: Gwasg Pantycelyn.

Rhys, Robert (1999) 'Llenyddiaeth y Bedwaredd Ganrif ar Bymtheg' yn *Gwnewch Bopeth yn Gymraeg*: Yr Iaith Gymraeg a'i pheuoedd, 1801-1911. Caerdydd: Gwasg Prifysgol Cymru.

O. M. Edwards [gol.], (1906) *Eben Fardd* (Cyfres y Fil), Llanuwchllyn: Ab Owen.

Ynghylch y gyfrol hon:

Daw'r cerddi yn y gyfrol hon o ystod o gyhoeddiadau blaenorol o weithiau barddonol y bardd, y mwyafrif ohonynt o *Gweithiau Barddonol Eben Fardd*, a gyhoeddwyd yn 1873 gan Howell Harris deng mlynedd wedi marw Eben Fardd. Daw'r emynau i gyd o *Hymnau* (1861) ac ambell gerdd o fannau eraill, er enghraifft *Deigryn ar ôl Ieuan Glan Geirionnydd*, a gyhoeddwyd mewn cyfrol o waith y bardd hwnnw. Rydw i wedi ceisio trefnu'r cerddi yn nhrefn eu cyfansoddi, neu o leiaf eu cyhoeddi; lle na fu hynny'n bosib gan nad oes dyddiad yn gysylltiedig â cherdd (er enghraifft yn achos *Dameg y Llysieuyn*) rydw i wedi ceisio amcangyfrif y dyddiad yn ôl ei leoliad yn *Gweithiau Barddonol Eben Fardd* ac arddull y gerdd ei hun.

Rydw i wedi diweddaru'r orgraff lle bynnag y bu modd gwneud hynny heb amharu ar fydr, odl neu gynghanedd y cerddi.

Gwagedd y Byd yn Angau

Us yn ing loesion angau—yw golud
    A gwiwlan drysorau;
Ni chaiff y dyn, bryfyn brau,
Gymorth gan aur na gemau.

Hoywder a phob anrhydedd—nid ydyw
    Ond edef ddisylwedd;
Yng ngarw boen angau, a'r bedd,
'E rwygir pob gorwagedd.

Soddir pob uchel swyddau,—ni chofir
    Na chyfoeth na breintiau,
Yma'n hir gaed eu mwynhau;
Engyrth fydd dyrnod Angau.

Pawb yn rhwydd o'm gŵydd ymguddiant—pan fo
    Poen fawr angau, ciliant;
O'm hannedd i'r bedd, oer bant,
Bro angof, y'm hebryngant.

(1af Tachwedd 1819)

Us: Eisin grawn; gweddillion diwerth.
Engyrth: Erchyll a chwim.

I Ddadleuwr Cecrus a Gwaedwyllt

Am ladd'r wyt, ymladdwr hyll,—yn erbyn
    Y gwir-bwnc â'th gyllyll;
Ei iach hawl y gwir ni chyll,
Er d'orchest a'th frad erchyll.

Di gedwi yn dy goden—ddu afiach
    Gleddyfau cenfigen;
Ni weli gan y niwlen,
Ŵr di-bwyll;—caeer dy ben.

Sŵn dewr fel Alexander fawr—wnei di,
    Hynod iawn mor rwysgfawr!
Ŵr gwyllt, a wyt ti ryw gawr
A bar dwrf a braw dirfawr?

Un bach i ymryson â byd—wyt ti,
    Ond hawdd yw d'ochelyd;
O llecha! mae'n well iechyd;
Gwaith gwan yw'th fygwth i gyd.

Ni sai', medd dy *ddyffeians* mawr,—boeth flaidd,
    Neb o'th flaen di un awr;
O! ŵr llesg, bydd nes i'r llawr,
Derfydd dy ymffrost dirfawr.

(12fed Medi, 1821)

Cywydd Diolch
i ferch Richard Jones

(Cywydd a wnaed ar ddymuniad Richard Jones o Langybi er cydnabyddiaeth a diolchgarwch i'w ferch am ei haelioni a'i gofal amdano.)

Annwyl ferch, ni welaf fi
Un lawnach o haelioni;
Ni wedir, anhawdd nodi
Yn y wlad hon ail i ti:
Yn Eifion digon ofer,
Er ei bod yn oror bêr,
Yw holi am un haelach
Na thi, fy nghu eneth iach;
Un haelach na thi, eilwaith
Ni cheir yn Arfon ychwaith.
Finnau, gwir wyf hen a gwan,
Henwr yn byw fy hunan;
Ie, llesg a musgrell wyf,
Hyn dd'wed mai henaidd ydwyf;
Ar fethu yr wyf weithian,
A mwy,—daw angau'n y man:
Tra hael ydwyt ti er hyn
I dlodaidd, lwyd, wael adyn;
Anfon a wnei i'm llonni
Hynod ran, rhoddion di ri:
Duw y Tad fo da i ti,
Atal na wnelo i ti
Un fendith am dy fwynder;
I ti yn nawdd boed Duw Nêr.

(22ain Tachwedd, 1821)

Myfyrdod Ymysg y Beddau

Ai yma y mae'n gorwedd,
    Mewn gwaeledd, y rhai gwych,
A welwyd gynt mewn mawredd?
    O ryfedd! Yma'r ych;
Er cael ychydig hawddfyd,
    Fe ddarfu'r bywyd byr;
Difwynwyd edef einioes,
    Mewn duloes hon a dyr.

Mae'r ieuanc yma'n gorwedd,
Yr unwedd â'r rhai hen,
Y rhai fu gynt yn rhwysgfawr,
    Fe ddarfu'u gwawr a'u gwên;
Mae pawb yn ddiddig yma;
    Ni chenfigenna gŵr;
Gorweddant mewn bedd isel,
    Lys tawel, lle di-stŵr.

Y boneddigion trefnus,
    Yn byw yn foethus fu,
Eu cyrff oedd gynt yn hawddgar,
    Sydd yn y ddaear ddu;
Gadawsant eu palasau,
    A'u holl wisgiadau'i gyd,
O ganol bydol fawredd,
    I'r bedd daeth bonedd byd.

P'le mae'r brenhinoedd dewrion,
    A'r pendefigion fu,
Rhyfelwyr llawn o hyder,
    Fu'n rhwygo llawer llu?
Daeth angau ac a'u cwympodd,
    Fe'i bwriodd oll i'r bedd;

Myfyrdod Ymysg y Beddau

O'r byd bu raid ymadael,
    A heddiw gwael eu gwedd.

Pa le mae fy nghymdogion,
    Anwylion yn eu hoes,
Cyfeillion cymdeithasol,
    Dymunol, da eu moes?
Cael bod yn eu cyfeillach,
    Melysach na mêl oedd;
Ond nid oes un a lefair
    Yn awr un gair ar goedd.

Pa le mae 'mherthynasau,
    A'u mwynion eiriau'n awr?
Eu hymddiddanion hygar
    A'm llonnai ar y llawr;
I'r bedd! I'r bedd yr aethant,
    Ni fuant yma fawr,
Eu harddwch a ddiflannodd,
    A gwywodd eu teg wawr.

Daw dyn fel rhosyn allan,
    A'n fuan iawn i'w fedd;
Fel cysgod ef a gilia,
    A'r angau wywa'i wedd:
Gosodwyd ei derfynau,
    Rhifedi oriau'i oes,
A'r awr i ben pan ddelo,
    Ni cheir i luddio'r loes.

(Hydref 31ain, 1822)

O'r Byd i'r Bedd

Y brenin o'i orseddfainc wych
    A ad ei wlych a'i wledd,
Pan ddelo angau yn ei bryd
    I'w ddwyn o'r byd i'r bedd.

Y gorau'i ddawn o ddynolryw
    Un awr i fyw ni fedd,
Ond cael ei ddwyn o ddim i'r byd
    A mynd o'r byd i'r bedd.

Er cael cyfoeth i'w fwynhau,
    A swyddau, nid oes hedd,
Am na wyddom ddim pa bryd
    Yr awn o'r byd i'r bedd.

Bwyta, yfed, llawenhau,
Mwynhau yn glau bob gwledd,
O cofiwn, cofiwn, mynd o hyd
Yr y'm o'r byd i'r bedd.

Y gŵr a ad ei wraig ar ôl,
    Tragwyddol, trwm ei gwedd,
Wrth weld ei phriod glân ei bryd
    Yn mynd o'r byd i'r bedd.

Tyr angau'r fam drwy ofid blin,
    Mewn gloes, a min ei gledd;
Ac er, a wylo'r plant i gyd
    Rhaid mynd o'r byd i'r bedd.

O'r Byd i'r Bedd

Y carwr serchog a wanha,
    Aml boen a wywa'i wedd,
Er hoffed ganddo'r deg ei phryd
    Rhaid mynd o'r byd i'r bedd.

Drwy alar ac anobaith du,
    Yr hon fu'n gu ei gwedd,
Diwedd ar ei heinioes ddyd,
    Hi naid o'r byd i'r bedd!

Noeth y daethom, noeth yr awn,
    Un awr a gawn i gyd,
Ond byth! byth! byth! ni thrown ein gwedd
    Yn ôl o'r bedd i'r byd.

Cywydd Bodlondeb

Anghall yw'r dyn a wingo,
Anghall a bair ing lle bo;
P'ond anghall a dall y dyn,
Ac eilwaith pa ond gelyn
A rwgnach yn ddiachaws?
Glŷn* drwg yn ei galon draws;
Dofydd ni fydd i'w foddio,
Ddyn gwag, lle bynnag y bo.

Bodlondeb! Be dâl undyn?
Ni foddheir os na fedd hyn;
Be meddai ef bob moddion,
Anfoddol ŵr ni fydd lon;
Pe di-dlawd ymherawdwr
Hardd a gwych f'ai urdd y gŵr,
A chael byw'n uchel ei ben,
A'i olwg tua'r heulwen,
Heb edrych ar ddim budredd,
Eirioes ŵr, ar ei aur sedd,
Os calon anfoddlon fedd,
Anynad yw'n ei annedd.

Bodlondeb! Pwy wrtheba?†
I ni ydd wyt yn rhan dda:
Pwy gaf well? Pa gyfeillach
I mi erioed fu mor iach?
Iawn addurn i'r bonheddig,
Wyt elw da i atal dig:
Y tlawd a'r gwan ddiddani,
Ie'r dall ddifyrri di;

---

* *Glŷn*: h.y. a lynir. C.f. ynglŷn.
† *Gwrtheba:* ateb.

8

Cywydd Bodlondeb

Eilwaith ti wyt anwylyd
I'r claf ŵr a'r cul ei fryd.
O! be' ddeil bob eiddilion?
Gweinion, llesg, beth a'u gwna'n llon?
Bodlondeb a ddeil wendid,
Bywhau llwfr wna'n wyneb llid.

Wele un mewn gwael annedd,
Lle di-wawr, yn llwyd ei wedd:
Ei egwan fwth gwn na fydd
Dawel ar arw oer dywydd;
'E bobwyd ar ei babell,
Tŷ gwael, y clai a'r to gwellt;
Ar wlaw o'i fewn oer le fydd,
Tyr rhigolau trwy'i gilydd;
Oddi fewn ni fedd e' fawr,
Ŵr isel, o lan drysawr;
Ond ei fodlon galon gu
Fwynaidd a'i deil i fyny.

Gwn na etyb gwan natur
Mur gwael i nemor o gur;
I lawr hi faluria heb
Lawnder o wir fodlondeb:
Am ein byd yn rhwymyn bo,
Iawn addurn f'ai hwn iddo;
Hwn a esyd deyrnasoedd
Yn wir flin gan ryfel oedd,
I fyw oll yn gyfeillion;
Anhuddo llid wna hedd llon.

O'r rhyfel a'r mawr ofid
Tros y llawr bu trais a llid;
Rhyw fyd tost; sŵn arfau tân
Byddinoedd, boddai anian;

Eben Fardd

Dyddryllient lân fabanod
A miniog gledd,—mynnu clod;
Tân mawr, mwg tew yn eu mysg,
Brath arfau, braw a therfysg;
Coluddion rwygai'r cleddyf,
Nychu'r hen, lladd gwan a chryf;
Yma a thraw mathru oedd,
Ymnoddent mewn mynyddoedd;
Yn y graig, heb fwyd na gwres,
Lluchiai eira i'w lloches:
Dan hir boen dihoenai'r byd,
Diweddai ei ddedwyddyd.

Iwerddon a anurddwyd,
Ysu bu gan eisiau bwyd;
Ei thrhefydd mewn gwrthryfel,
Yn bob gwarth i bawb a'i gwêl;
O gu undeb, troi'n gyndyn;
Ba ryw haint a berai hyn?
Bodlondeb wrthwynebwyd,
A hyn a'u rhoes yn y rhwyd.

Anras ac anfodlonrwydd
Eto sy'n lluddio ein llwydd;
Nwyd o'i fath a'n difetha;
Duw o'n plith dynno y pla;
Yr haint hon aed draw o'n tud
Bodlondeb ddalio wyndud;*
Di-gamwedd fo had Gomer,
Boddus oll tra byddo sêr.
Boddlonrwydd, buddiol anrheg,
Daeno Duw dros Brydain deg;
Na bo dwyll a'i wyneb du

---

* *Gwyndud*: Paradwys, gwynfyd.

Cywydd Bodlondeb

Nac an-hedd yn cynyddu :
Buddiol in' yw bodloni
I union drefn Un yn Dri;
Na fyddwn mwy anfoddawl,
I Dduw yn fwyn rhoddwn fawl;
Iôr a brau roi bywyd
A llwydd i bawb, Llywydd byd;
Am hynny cydymunwn'
Yn hardd i foliannu hwn.

(Mehefin 1824)

Dinistr Jerusalem

A! Dinistr! Dinistr yn donnau—chwalodd
 Uchelion ragfuriau,
A thirion byrth yr hen bau,
Caersalem sicr ei seiliau.

Cref iawn oedd, ac ar fynyddau—dilyth
 Adeiliwyd ei chaerau;
Yn ei bri hon wnâi barhau
Yn addurn byd flynyddau.

Af yn awr i fan eirian,—golygaf
 O glogwyn eglurlan,
Nes gweld yr holl ddinas gan
Y celloedd mewn ac allan.

Jerusalem fawr islaw im' fydd—gain
 Ar gynnar foreddydd;
Ei chywrain byrth a'i chaerydd
I'w gweld oll mewn golau dydd.

Ceinwech *Brifddinas Canaan*—oludog
 Fawladwy, gysegrlan;
O uthr byrth a thyrrau ban,
Myrdd ogylch—mor ddiegwan!

Ei hoff balasau, a'i phobl luosog,
Dawnus lywiawdwyr, *Dinas* oludog,
Ei berthog rannau, hen byrth gorenwog,
Muriau diadwy, O, mor odidog!
Addien serennol ddinas ariannog,
Cywrain a llawen, ceir hi'n alluog;
Heddiw o'i rhwysg nid hawdd yr ysgog—hi,
Hawddamor iddi, le hardd mawreddog.

Dinistr Jerusalem

Uwch ei rhagfur, ban, eglur, binaglau,
Tai cyfaneddol, tecaf neuaddau,
Lluon i'w 'nabod, llon eu wynebau,
Sy'n chwai a diwyd mewn masnach deiau,
Heirddion eu gwedd drwyddi'n gwau—yn drwyadl
Tawchog anadl ddyrch hwnt o'i cheginau.

Ni bu le eisor, llawn o *Balasau*,
Iesin ac agwedd ei *Synagogau*,
Eu gwedd arnodwyd ag addurniadau,
Ie, llawn addurn ei holl anheddau;
Ac o fewn y trigfannau—ffrwyth y tir
Er budd mynwesir heb ddim yn eisiau.

    Urddedig *Ddysgedigion*,
    Ddawnus wŷr, drwy'r ddinas hon
    Ymrodiant mewn mawrhydi,
    Addurnant, a harddant hi:
    Y *Rabiniaid* a'r bonedd,
    Eu dysg da, ddadguddia'u gwedd,
    Wele, rhinwedd olrheiniant,
    Fawrion wŷr, myfyrio wnânt.
    Heirddion sêr y ddinas hon
    Yw ei thrwyawl athrawon;
    Addas beunydd esboniant,
    Geiriau Nêr, agor a wnânt:
    Ac efryd yn y Gyfraith
    Ddofn a gwir, *Ddeddf* enwog iaith.

Ni fu ddinas mwy llawn o feddiannau
Yn trin cymaint o arian ac emau;
Un orhoff, orlawn o aur a pherlau;
Ceir ynod luosog gywrain dlysau,
Aroglus, wiw-goeth, rywiogl seigiau,
Olewydd, gwinwydd, i'r genau—rydd hon,
O! ddinas wiwlon, ddaionus, olau.

Lliwdeg ddyffrynnoedd llydain,
Sy o gylch y ddinas gain;
Llwyni fyrdd yn llawn o faeth,
Llwyni, llennyrch, llawn lluniaeth;
Y blodau wynebledant,
Ac yn eu nodd gwenu wnânt;
Diferion gloywon y gwlith
Clau, ar eginau'r gwenith,
Glaswellt a gwyrddfrig lysiau
Ymhlith y blodau'n amlhau;
Gerddi teg, iraidd eu twf,
Dillyn ardal llawn irdwf.
Cu ydynt y cawodau,
Y fro sech a wnânt frasáu;
Haul glwys i loywi y glyn
Ergydia'i belydr gwedyn.

Aml res euraidd, mil o ros Saron,
Geir, a lili a'i gwawr oleulon,
Ar dwf iraidd, yn rhoi diferion,
O deg liwiau, hynod, a gloywon.

Acw yn y tiroedd clywir cantorion
A'u syml, luosog, leisiau melysion;
Anian ogleisiant—O dônau glwysion!
Ar gangen eiddil, pêr gynganeddion;
Pereidd-der, mwynder eu meindon—chwâl fraw
Ffy, derfydd wylo a phwdr-feddylion.

O! hardd frodir ddyfradwy
Ei dwfr glân adfer o glwy'
Y dyn fo' dan waeau fyrdd,
Gloesion iachâ'i dwfr glaswyrdd:
Gerllaw o du'r gorllewin
Wele, rhed yn loyw ei rhin

Hen ffrwd lon *Gihon* deg wawr,
Dirionlif, hyd raianlawr;
Deifr *Etam*, *Siloam* lyn,
Pereiddflas, wyrddlas harddlyn,
Yn ei godrau hen *Gidron*,
Tra gloyw o hyd treigla hon:
Dŵr llonydd gyda'r llwyni,
Tra llawn yw y tir o'i lli!*

Ond O! i'r uchel harddfryn edrychaf,
Moreia amryliw mewn *marmor* welaf;
A! dacw ymlaen acw y Deml enwocaf
O'r un a seiliwyd, arni y sylwaf;
Gweled i gyd ei golud gaf—a hi
D'amlygir inni yw'r Deml gywreiniaf.

Heirdd golofnau, eiliadau goludog,
Canpwyth cywreiniol, cnapwaith coronog;
Gwnaed mewn dulliau y gwnïad mân-dyllog,
Wynebir ogylch â gwinwydd brigog:
Sypiau gawn o'r grawn yn grog,—gwyrddion ddail
I'r hynod adail eirian odidog.

O'r melynaur amlenni—roed yn wych
    Ar hyd ei nen drosti;
Anfon ei lon oleuni
Mae'r haul ar ei muriau hi

    Ond O! alar a'n dilyn,
    O'r wylo hallt ar ôl hyn!
    Holl Anian fyddo'n llonydd,
    Na seinied edn nos na dydd;

---

* *Gihon, Etam, Siloam, Gidron:* ffynhonnau, llynnoedd ac afonydd oedd y rhain.

Eben Fardd

Distawed, na chwythed chwa,
Ac ust! eigion, gostega!
Na fo'n dod fyny i dir
Eildon o'r *Môr Canoldir*;
Iorddonen heb dwrdd ennyd,
Gosteg! yn fwyndeg drwy fyd,
Na fo dim yn rhwystr imi,
Na llais trwm i'm llestair i.

Rhagwelaf drwy argoelion,
Na saif yr hardd ddinas hon,
Am hiroes yn ei mawredd,
Adfeilia, gwaela ei gwedd!

Ger bron mae gwawr wybrennol—darlleniad
  O'r lluniau rhyfeddol;[*]
A ddengys ei gwedd ingol,
Lleiheir mwy yn llwyr ei mawl!

Ceir Anian oll yn crynu
A braw llawn, cryn wybr â'i llu;
Aruthr yw! hi a wrth red
Er dangos ei chwerw dynged!
Ac O! lef drom glywaf draw,
Hynod sŵn yn adseiniaw.

Yn awr darogana ryw drigiannydd,[†]
Rhua drwy alar hyd yr heolydd,

---

[*] Yma cyfeirir at yr arwyddion rhyfedd a welid yn yr wybr uwchben Jerusalem, sef byddinoedd yn ymladd â'i gilydd, &c. Y llinellau dilynol a gyfeiriant at yr arwyddion yn y Deml, &c., megis buwch yn dwyn oen, a'r llef a glywyd yn y Deml, &c (gweler Josephus). [*Gol.* 1873]

[†] Un Iesu, yr hwn a lefai ar hyd yr heolydd, gan ddywedyd, "Gwae y Ddinas!" "Gwae y Deml!" &c., heb flino na chrygu am saith mlynedd. [*Gol.* 1873]

Dinistr Jerusalem

Ac o'i ben "Gwae!" "Gwae!" beunydd—a glywaf,
Effro y sylwaf ar ei phreswylydd.

> Ond Duw ar unwaith sydd yn taranu,
> Ail sŵn llifeiriant ei lais yn llefaru;
> Ei air gorenwog wna i'w mur grynu
> Geilw'n ddiatal y galon o'i ddeutu;
> Ysa y farn y ddinas fu,—yn gref
> Ofnadwy'r fanllef wna dewr Rufeinllu!
> Do, rhagdraethwyd y rhwygiad i'r eithaf,
> Gan Grist, ddwyfol, urddonol hardd Wiwnaf,
> Gwir daw garw adwyth, gair Duw a gredaf,
> Mwy ar Gaersalem, a mawr gur, sylwaf;
> Daw dydd yn wir, d'wedodd Naf*—y dryllir
> Mar acw dernir ei muriau cadarnaf!

> Maen ar faen yma yn hir fu—ond ow!
>   Andwyir, medd Iesu!
> Dyma le gaed yn Deml gu,
> Hon, och! welir yn chwalu!

> Yn fuan y nodol fan annedwydd,
> Wiw, gysegredig a wisg waradwydd,
> Gwaela ei chyflwr, gwelwch ei haflwydd;
> Agos ei rhwygiad megis ar ogwydd,
> Deffroa llid, a phâr i'w llwydd—beidio
> Cyn ei malurio y cawn aml arwydd.
> Y grasol Iesu a groeshoeliasant,
> Am hynny gofid miniog a yfant;
> Un Duw, ein bywyd ni adnabuant;
> Llu o goeg enwau yn lle gogoniant,
> I'r Iesu annwyl, roesant—a bythol
> Tragwyddol, ddwyfol lid a oddefant.

---

* *Naf:* Arglwydd, pennaeth; at Dduw y cyfeirir yma.

Gorffwysaf, safaf yn syn,
Nodaf am un munudyn;
Cynnwrf a thwrf sy'r waith hon,
Ryw fygwth rhwng arfogion,
Mewn goror, man a gerid,
Nid oes lle nad ysa llid;
Marwolion amryw welir!
O fewn tai cryfion y tir!

Y Ddinas oedd i Anian—yn addurn
  Heddiw'n ddienyddfan!
Anhawdd fydd cael ynddi fan
Heb och gan fawr a bychan!

Eleasar bâr loesion—a niwed
  Wna Ioan a Simon;
Dewr dylwyth, diriaid alon
A nesânt i'r ddinas hon.

Llid geir oddi fewn, trallod, griddfanau
Sŵn trueiniaid ac atsain tarianau,
Gorthrech, gwrth restr, a'u callestr bicellau,
Ochrant i wared yn chwyrn o'u tyrrau,
Gwelwch y meirwon o gylch y muriau,
Ba ryw gelanedd! Briwa galonnau!
Gwynfydodd gan ofidiau—'r ddinas gain,
Mae'n mawr wylofain mewn amryw lefau.

Bwâu a welir gan y bywiolion
Cedyrn, di-rus, ryfygus arfogion,
Tra hŷf trywanant eu heirf trwy weinion!
Wele'n y ddinas fu lawn o ddynion
Le annhymoraidd, geleiniau meirwon;
Miloedd gwaeddant, amlhaodd y gweddwon;
Bu a chig y beichiogion—frasáu gwêr
Hyd ryw nifer o'r adar annofion!

Dinistr Jerusalem

Lladron, llofruddion yn llu afrwyddol
Ysant y ddinas, O! Nid diddanol!
Gan aml lueddu â gwŷn ymladdol,
Drwy dân ysant bob gwychder dinasol,
O! wastraff a rhwyg dinistriol—a wnânt
O! chwyrn ddifiant a chur annioddefol!

    Ar Jerusalem y tremiaf—ddinas
        A ddenai'r rhan fwyaf,
    Heddiw'n ei chylch hedd ni chaf,
    Garw y sŵn! A! gresynaf.

    Ha! fradwyr, anhyfrydol
    Trech yw Naf, O trowch yn ôl!
    Gorffwyswch, sefwch dros awr,
    Er eich arfog roch erfawr—
    Dofydd o'r Nef a lefair,
    Enciliwch oll, clywch ei air.

Geilw Rufeiniaid, gwroniaid gorenwog,
I wyneb galon, eon, bygylog;[*]
Deuant, lladdant mal cewri llueddog,
Titus a'i ddirus fyddinoedd eurog,
Anorfod ddewrion arfog—llawn calon,
Galon terwynion, glewion, tarianog.

    O dir ochain, edrychaf,
    Neud tu a'r nen troi a wnaf;
    Mewn cur ryw gysur geisiaf
    Diau mae'n chwith, dim ni chaf!
    Ryw gwyno gan rai gweinion
    Sy ar bob llaw, braw i'm bron!

---

[*] Bygylog: Bygythiol.

I'r ddinas mae myrddiynau
Megis seirff am agosáu
Gwelaf, debygaf o bell,
Ymwibiant ger fy mhabell;
A'u hedrychiad yn drachwyrn,
Dewrllu yn canu eu cyrn!
Wynebu a gwanu gwynt,
O'u blaen gyrru blin gorwynt,
Tincian eirf glân, dyrfog lu,
Chwai bennwn yn chwibanu;
Rhedant, eu meirch ânt mor chwyrn,
Hwnt ergydiant trwy gedyrn!
A phâr anadl eu ffroenau,
Yn un llen i'r nen wylláu!
Nifwl yn gwmwl a gerdd,
Hyd wybr deg hed brwd agerdd—
Chwyrn welediad ofnadwy,
Annof, y meirch ofnaf mwy!
Eu llygaid tanbaid bob tu,
Oll tanynt yn melltennu,
Ysgogant mewn rhwysg a gwrdd,
Ymdaflant, hyrddiant mewn twrdd.

Golygaf, ac af o'm cell,
Allan caf weled wellwell,
Dda drefn yr holl luoedd draw,
Ba ddynion sy'n byddinaw?

Titus flaenora'r dyrfa frwd arfog,
Canaan wna'n brif-ffordd i'w osgordd ysgog,
O mor ddiflin ei fyddin arfeiddiog,
Rhai'n trin y bwa, rhônt droeon bywiog;
A'u dieisor Dywysog—uchelfron,
Trecha ei elynion tra chalonnog.

Ac allan daw'r picellwyr—hwy fwriant
    Rai'n farwol gan wewyr
Anturiol, gwrol y gwŷr,
A dewrion esgud aerwyr.

Yna'r marchluoedd floeddiant,—rhyfelwyr
    Filoedd a ddilynant :
Ni luddir, iawn lueddant,
Cedyrn, lluon chwyrn, llawn chwant.

Eto rhyfeddaf ar hynt arfeiddiog,
Dewrion benaerwyr, cedyrn banerog,
Nesânt i'm gŵydd, â'r arwydd eryrog
Ar eu llumanau, llennau cynlluniog;
Yn ôl y rhain, wele'r enwog—filwyr
A'r holl utganwyr, lleiswyr lluosog.

    Imi, och! y mae achos—i wylo
        O weled y lliaws,
    Yma'n chwyrn oll mewn chwerw naws,
    Modd ingol yn ymddangaws.

Aerog weilch enwog yn awr gylchynant
Yr holl furiau, a dewr y llefarant;
Lewion uchelwyr yn ôl ni chiliant,
Aml fyrddiynau yn rhesau ni rusant,
Eithr i fewn rhuthro fynnant—yn wrol
A'r lle addurnol yn ddrylliau ddarniant!

    Suddir y dinasyddion—o 'ngolwg
        Yng waelod trallodion,
    O echrys air! chwerw yw sôn
    O! Gwelwi mae'r trigolion!

Ffoant rai o'r ffiniau trist,
O ethryb* y braw athrist;
Llesg, gweinion, a blinion blant,
Tra 'mddifaid, trwm oddefant.
Heb un tad wedi'i adael,
Mwy, mwy chwith, dim mam i'w chael!
Rhieni mawr eu rhinwedd,
Fu'n llon, sy gulion eu gwedd:
A braw tost, ryw fyrdd bryd hyn
A gnoa y dygn newyn!
    Gwelaf Rahel, isel, lwys,
Yn wylo, fenyw wiwlwys,
Am ei gŵr yn drom ei gwedd,
A'i henaid mewn anhunedd;—
Hi ddywed yn grynedig,
"Yma nid oes namyn dig,
Llid a chwyn, trallod a chur,
Dialedd a phob dolur!
O! fy Mhriod a godai,
Llon ŵr rhydd, allan yr âi,
Llwfr oedd, a d'ai llofruddion,
Clwyfent, hwy frathent ei fron!
A thrwy boen fe aeth o'r byd,
Ni welaf mwy f'anwylyd!
Minnau o'm bro a ffoaf,
Cyn y dydd, ac onid af,
Annheg glwyf drwy fin y cledd,
A newyn fydd fy niwedd!
Fy mhlant bychain, eich sain sydd,
Yn boenol imi beunydd;
Bellach rhaid gwibio allan,
Hwnt ymhell—*Dowch fy mhlant mân!*"

---

* *Ethryb:* Achos, rheswm.

Dinistr Jerusalem

A deg ochenaid hwy gydgychwynnant,
I'w taith, drwy anobaith, draw wynebant;
Ac o furiau y ddinas cyfeiriant
Dua'r mynyddoedd i droi am noddiant;—
Trwy angau nychlyd, trengant—o ogof
I hen wlad angof, yn wael diengant.

    Hyf lueddwyr hwy a floeddiant—i'r frwydr
        Ar frys y goruthrant;
    Y ddinas a feddiannant,
    A'u holl nerth ei dryllio wnânt.

Ewybr ennill, a'u Hwrdd-beiriannau,[*]
Trwm, erwin ddyrnant, â'r mur yn ddarnau,
Trwy ei ganol torri agennau,
Eu hergydion a wnânt rwygiadau;
O!'r niweidiol ddyrnodiau—a roddant
Hwy fawr dyrfant anhyfryd arfau.

    Aerwyr, ymbleidwyr, heblaw—ryw gannoedd
        Drwy gynnen yn unaw:
    Eidiog alon digiliaw,
    Gofid, a llid ar bob llaw.

    Lliwir â gwaed y llawr gwiwdeg—o fewn
        Afonydd yn rhedeg;
    Bywiog gurant bob carreg
    O'r muriau a'r tyrrau teg.

    Trwy ei dymunol heolydd—ffriwdeg
        Y ffrydia gwaed beunydd;
    Bawdd o fewn,—Ba Iddew fydd
    Mwy a gâr ei magwyrydd?

---

[*] *Ewybr*: Chwim; *Hwrdd-beiriannau*: i chwalu drysau a muriau caerog.

Trwy'r ddinas, galanas* wna'r gelynion,
A gorwygant yn anrhugarogion;
Lladdant, agorant fabanod gwirion;
Ow! rwygo, gwae rwyfo y gwyryfon!
Anniddanol hen ddynion—a bwyant!
Hwy ni arbedant mwy na'r abwydion.
Sŵn anniddig sy yn y neuaddau,
I drist fynwes pa les wna palasau?
Traidd galar trwodd i giliau—gwychion
Holl dai y mawrion, er lled eu muriau.

    Nychir y glew gan newyn,
    Ac O! daw haint gyda hyn;
    Dyna ysa'r Dinaswyr,
    Hwy ânt i'r bedd mewn tro byr!
    Bonedd a gwreng yn trengi,
    Gweiniaid a'u llygaid yn lli.

Y pennaf lueddwyr, O! pan floeddiant,
Acw'r gelltydd a'r creigiau a holltant;
Eraill gan loesion yn waelion wylant,
Eu hanadl, a'u gallu, a'u hoedl gollant;
Gan boen a chur, gwn, byw ni chânt—angau,
Er gwae ugeiniau, dyr eu gogoniant.
Ys anwar filwyr sy yn rhyfela,
Enillant, taniant Gastell Antonia;
Y gampus deml a gwympa—cyn pen hir;
Ac O! malurir gem o liw eira.
Wele, drwy wyll belydr allan—fflamol
A si annaturiol ail sŵn taran;
Mirain Deml Moreia'n dân—try'n ulw—
Trwst hon clyw acw'r trawstiau'n clecian!
Yr adeiladaeth ddygir i dlodi,

Galanas: cyflafan, llofruddiaeth, lladdfa.

Be bai cywreiniach bob cwr ohoni;
Tewynion treiddiol tân a ânt trwyddi;
Chwyda o'i mynwes ei choed a'i meini;
Uthr uchel oedd eithr chwâl hi—try'n llwch,
A drych o dristwch yw edrych drosti.
Fflamau angerddol yn unol enynnant,
Diamau y lwyswych Deml a ysant;
Y dorau eurog ynghyd â'r ariant,
Y blodau addurn, a'r cwbl a doddant,
Wag annedd ddiogoniant—gyda bloedd
Hyll bwyir miloedd lle bu roi moliant!
    Llithrig yw'r palmant llathrwyn,
    Môr gwaed ar y Marmor gwyn.

Eto rhwng udiad y rhai trengedig,
Lleisiau, bloeddiadau y bobl luddedig,
A sŵn y fflamau, ffyrnau uffernig,
Tristwch oernadau trwst echrynedig,
A'r fan oedd orfoneddig—olwg drom!
Ow! ow! mae'n Sodom annewisedig.

    Caersalem, deg em digymar—oeddit
        Addurn yr holl ddaear,
    Wedi'th gwymp pwy gwyd a'th gâr?
    Ymgelant yn mhau galar—
    Udaf, cans daeth fy adeg,
    Ni sai' dim o'r ddinas deg;
    Och! nid oes o'r gwychion dai
    Anheddol, gongl a'm noddai:
    O!'r llysoedd a ddrylliasant
    I lawr o'u cwr lawer cânt:
    Dinas gadarn yn garnedd;
    Addien fu—Ow! heddiw'n fedd.
    Mynydd Seion dirionaf,
    Yn dda i gyd heddiw gaf:

Eirian barth arno y bu
Dyledog adeiladu:
Prif Balas y Ddinas dda,
Oedd eurog, emog, yma:
Trow'd yn adfail, sail y sedd
Frenhinol, firain annedd;
Torri, difa twr Dafydd,
O'i dirion sail, darnau sydd;
Y mynydd oll, man oedd wych,
A'i gyrrau yn aur gorwych,
Heddiw â lludw ddilledir!
Sawyr tân sy ar y tir.

Meirwon sy lle bu'r muriau—rhai waedant,
   Ddrewedig domennau;
Ni wyddir bod neuaddau,
Neu byrth erioed yn y bau.

Darfu'r aberthu am byth,
Dir, o gof yn dragyfyth!
Wylofus gweld y Leifiaid
Yn feirw, yn y lludw a'r llaid!

Plaid y Rhufeiniaid o'r fan
Ar hynt oll droent allan;
Rhyfelwyr llawn gorfoledd,
A llu gwych mewn dull a gwedd;
Mawrhydri ymerodrol
Ddangosant, pan ânt yn ôl:
A da olud i'w dilyn,
Byddin gref—heb ddyn a gryn.

Wele y Ddinas heb liw o ddynion,
O! O! drwm haeriad, ond y rhai meirwon;
Heb le anheddol i bobl newyddion,

Dinistr Jerusalem

Rhuddwaed ac ulw yw'r eiddo ad galon,
O! mor wael, a marwolion!—ceir hyll drem
Mwy ar Gaersalem, er gwae'r oesolion!

    Y fan, i fwystfilod fydd,
    Tyn rhai gwylltion o'r gelltydd;
    Byw wrth eu melys borthiant,
    Yma ar gyrff y meirw gânt:
    Cigfrain yn gerain o gwr
    Draw y pant, gyda'r pentwr;
    A'r lle glân wedi'r holl glod,
    Llenwir o Ddylluanod:
    Pob bwystfil yma gilia,
    Hoffi yn hon ei ffau wna:
    Diau af finnau o'r fan,
    Mae'n well i minnau allan;
    A gado'r fan rwygedig,
    Ddi-drefn, i'r sawl ynddi drig.

    A! wylaf, ac af o'i gŵydd,
    Hi nodaf yn annedwydd;
    Distryw a barn ddaeth arni,
    Er gwae tost gorwygwyd hi.

(1824)

Myfyrdod ar Lan Afon

Ar 'nawn awelog yn y dyffryn glwys
Bu i mi eistedd mewn myfyrdod dwys!
Ymysg y coed ar lan afonig hardd;
Y cyfryw dawel le adfywia fardd:
Redegog ddŵr! Wyt athro da i mi,
Caf addysg gan dy hardd dryloyw li;
Ymdreigli'n araf dros y werddlas ddôl,
Ac ynfyd yw a gais dy droi yn ôl:
Man bysg chwaraeant yn yr elfen dêr,
A'u nofiad chwai wrth gywrain ddeddfau Nêr.

O! Afon deg, dy gylchau sy ddi-rif
Troëdig yw dy lwybrau, ddisglair lif!
Er hyn aneli'n wastad at y môr,
Deddf eto yw hyn o drefniad doeth yr Iôr,
Dy lif ymdaena'n hardd a theg ei wawr
Ni flina byth, ni saif un munud awr.
Rwy'n teimlo gradd o brudd-der, er yn iach,
Wrth weld dy ddiwyd hynt, afonig fach;
Myfyrio'r wyf am amser, fel y rhed,
Heb orffwys ennyd, mwy na'r llif ar led:
Trawiad amrant ei fyrhau a wna
A f'einioes wywa fel blodeuyn ha';
Meirch ydynt fuain, buan yw y gwynt
Ond wele einioes dyn eheda'n gynt!
O'r bru i'r bedd, mynedfa fer iawn sydd,
Y nos a ddaw, bron gyda gwawriad dydd;
Yn y fynedfa hon, gwrthrychau fil
Enillant serch a bryd y ddynol hil,
A thra yn syllu arnynt y mae dyn
Picellau angau ynddo sydd ynglŷn!

(Erbyn 1826)

Cân yr Unig

Dan bren tewfrig yn y goedwig,
 Neilltuedig, unig wyf;
O glyw hudol dwrf daearol,
 Maswedd ac anianol nwyf;
Dadwrdd pobloedd drwy'r dinasoedd,
 Uchel floedd ni chlywaf fi,
Ni raid achwyn rhag eu gwenwyn
 Ym mol llwyn yn ymyl lli'.

Mae hyd y gwledydd drafferth beunydd,
 Rhyw wag newydd drwg yn awr;
A phryd arall chwedlau anghall,
 Curo'r naill y llall i'r llawr!
Y goganwr mawr ei ddwndwr,
 A'r enllibiwr draw yn lladd;
Cenfigen aelddu, nwyd y fagddu,
 Wedi greddfu yn mhob gradd.

Minnau'n unig, neilltuedig,
 O gyrraedd dig, dan geyrydd dail,
Dwys fyfyriaf, ie, wylaf
 Yma, am na feddaf ail;
Lle bo casddyn yn enllibio,
 Pwy gaf yno'n gu ei foes,
I'm hamddiffyn yn ei erbyn,
 Rhag ail enyn rhwyg ei loes.

Pan mewn adfyd yn ddyryslyd,
    Lawer ennyd yn llwyr wan,
Herwydd trymder, ofn, a prudd-der,
    Neu gyfyngder unig fan,
Rhof fy mhen i lawr i orwedd
    Yn fy annedd fach fy hun,
Dryllia chwerwder f'anian dyner,
    Gwêl fy llymder! Gwael fy llun.

Wrth fyfyrio, cyfyd wylo,
    Os eir i gofio'r amser gynt,
Pan yn faban eiddil, egwan,
    Nid awn fy *hunan* ar fy hynt;
Gofal mamol, llaw serchiadol,
    Geiriau denol, hawddgar, doeth,
Oedd fy nodded a'm hymddiried
    Rhag pob caled niwed noeth.

Angau! Angau! Tost yn ddi-au,
    Yw dy ymddygiadau'i gyd;
Dwyn a'th ddyrnod geraint hyglod,
    A'u rhoi 'ngheudod bedd ynghyd!
Dwyn cyfeillion tyner galon,
    Hen gymdeithion llon, yn llu,
Gadael "*unig*" yn ei goedwig,
    Yn soddedig mewn nos ddu!

Rhwng cangau plethol daw'n belydrol
    Wres a gwawl i'm dyrys gell,
Cyffröol fiwsig yn y tewfrig,
    Pêr wawd gŵyddfrig, pa raid gwell?
Ond er cyngan tonau Anian,
    Eirioes gân y dyrys goed,
Mae och lewygol, bron hiraethol,
    Yn fwy gerwinol nag erioed.

Os af i rodio, dan fyfyrio,
    I'm llawen fro, mae oll yn fras;
Llawn o ffrwythau yw'r perllannau
    A'u heirdd lysiau yn wyrddlas,
Ond ychydig sy'n garedig
    Yma, i'r unig, er mor wan;
Rhai fel estron caled galon
    Sy'n anfwynion yn y fan.

Pa raid imi anfodloni
    Neu ymboeni yn y byd;
Ie, bellach, pam y grwgnach
    "Unig," iach er hyn i gyd?
Tra mae llygaid *Tad ymddifaid*
    Ar y gweiniaid a'r rhai gwael
Ef fydd beunydd fy Ngwaredydd
    Diogelydd da ei gael.

Yr "unig", druan, am gydymaith
    Lunia'i daith trwy lwyn a dôl,
Nes y llwydda i gael yn ddiwall,
    Unig arall yn ei gôl;
Y ddau unig ymddiddanant
    Am yr anifyriant fu,
Mewn cyd-rwymiad, helpu'n wastad
    Y naill y llall, mewn cariad cu.

Os wyf *Unig* difonedd—mae'r Awen
    Am roi im ymgeledd
I'r *Unig*, oer ei annedd,
Deil yn borth hyd lan y bedd.

(14eg Mehefin, 1826)

Molawd Clynnog

Cawn gynnig hyn o ganu
I Glynnog, coron Cymru,
    Sy'n llannerch deg ar fin y mor,
Iach oror hawdd ei charu.

Nid oes difyrrach mangre,
Dan wenlloer diau'n unlle,
    Am a wn, na lle mwy iach,
Na'i glanach, ond goleune'.

Rhyw olygfeydd godidog
A geir o fryniau Clynnog
    Ar wastadedd Arfon hardd,
Fel diwael ardd flodeuog.

Di-ri yw'r llwyni llawnion,
Ar feysydd eang ffrwythlon,
    Rhwng llawer tewfrig goedwig ha',
Ymlifa aml i afon.

Oddi yma y golygir
Môn gywrain, man a gerir,
    Hanes hir o'r Ynys hon,
A'i beirdd, wŷr llon, ddarllenir.

Mor glysion mae'r eglwysydd
Rhwng cedyrn rengau coedydd,
    Byth y sai' eu clochdai clau,
A'u pennau'n uwch na'r pinwydd.

Ac acw'r llongau mawrion,
Cywrendai, ar y wendon,
    Yn saethu rhagddynt trwy y lli,
Gan hollti'r tonnau heilltion.

A finnau, o Eifionydd
Y deuthum fel ymdeithydd,
    I fyw a bod, am bennod bach,
Hyd Glynnog iach ei glennydd.

(Ar ôl 1827)

Heddiw ac Yfory

Pwy ŵyr nad heddiw sy'n cwblhau
  I fyny oriau f'einioes;
Pwy ŵyr nad hwn yw'r diwrnod mawr
  Sef olaf awr y fer-oes!

Heddiw'n berwi'n nhwrf y byd,
  Gan ynfyd fagofalu;
I arall fyd, fe allai'n syn
  Fi fwrir cyn yfory.

Ymbarotoi a throi a thrin,
  Wnawn heddiw'n flin i flaenu
Rhyw ormod o drafferthion gwael
  Ar fwriad cael yfory.

Eben Fardd

Ond wedi'r cur, a'r llafur llym,
  Nes tan eu grym ymgrymu,
Pâr angau inni gadw gŵyl;
  Oferedd disgwyl fory.

Tra heddiw'n iach, heb glefyd trwm
  Na rheswm yn dyrysu,
Ystyried awr fy niwedd wnaf
  Myfyriaf am yfory.

Ac er fy mod i heddiw'n chwai
  Yn ateb rhai o neutu,
Fe allai, och! mai angau bair
  Na ddwedwyf air yfory.

Mae heddiw'r Fam a'i theulu bach
  Fel gwanwyn iach yn gwenu:
Ond pwy a ŵyr na bydd er hyn,
  Yn farwol cyn yfory.

Y Bachgen prydferth heddiw sydd
  Mor droedrydd yn carlamu,
A gyll ei nerth, mae yn nesáu
  At feirwon yntau fory.

Yr Eneth wridog, addfain, bêr,
  Sy heddiw'n wychder Cymru,
Ei glendid swynol a gyll hon,
  Hi â at feirwon fory.

Fel hyn y mae fy amser llon
  A f'einoes bron terfynu,
A'r oriau roddwyd yn fy rhan
  Ow! fyrred!—Tan yfory!

Morwr yn Canu'n Iach i'w Gariad

Ffarwel fy ngeneth lawen bêr,
  Ymado ar fyrder fydd;
Hiraethus serch wrth d'adael di,
  Yn soddi f'ysbryd sydd!

Ymhell o'm bro dy gofio gaf
  Pan foriaf, poen a fydd
Na chawn yn llon gofleidio'th fron,
  Yn dirion nos a dydd.

Wrth weled teg lodesi glân,
  Mewn tref neu lydan wlad,
Amdanat ti meddyliaf fi,
  I'm llonni er gwellhad.

Pan chwytho fres awelon iach
  Dros Gymru bach i'r lli,
O chwythu wnelo d'anadl pêr,
  Ar fyrder ataf fi.

Wrth golli 'ngolwg ar y lan,
  Y Bryn a'r ddiddan Ddôl,
I ben yr hwylbren af a'm drych,
  I edrych ar dy ôl.

Eifionydd

Eifionydd! Eifionydd! fy annwyl Eifionydd,
    Eifionydd, Eifionydd ar gynnydd yw'r gân;
Er gwyched yw bronnydd goludog y gwledydd,
    Yn nghoedydd Eifionydd mae f' anian.

Hen finion Eifionydd a luniant lawenydd
    O galon bwygilydd, o fynydd i fôr;
Mi gara'i magwyrydd, a'i llynau dŵr llonydd,
    Ei choedydd a'i dolydd hyd elor.

Mae bendith mabandod fel gwlith oddi uchod
    Yn disgyn yn gawod ar geudod dy gŵys;
Hen, iraidd, gynarol, fro awen foreol,
    Dewisol briodol baradwys.

Draw, copa Carn Bentyrch, dan wyntoedd yr entyrch,
    Rhydd achles i'w llennyrch, a chynnyrch ei choed;
Cysgododd yn ffyddlon oludog waelodion
    Hen Eifion a'i meibion o'u maboed.

Llangybi, llwyn gwiwber pob llondeb a llawnder,
    Islaw ar ei chyfer, heb chwerwder a chwardd;
Bro llawn o berlleni, a gwyrddion ei gerddi,
    Heb ynddi i 'mhoeni ddim anhardd.

Islaw tew gaeadfrig y Gadair* a'r goedwig,
    Tardd Ffynnont fonheddig, nodedig, a da;
Daw iechyd diochain, er culed eu celain,
    I'r truain ar ddamwain ddaw yma.

---

* Cadair Cybi, maen ger Ffynnon Cybi.

Eifionydd

Rhandiroedd Llanarmon a welir yn wiwlon,
　　Mor siriol â Saron, yn minion y môr;
Di anair ei dynion, naturiol, nid taerion,
　　Ond haelion, drwy gyrion eu goror.

Hyd Chwilog dychwelir, man glwysdeg mewn glastir,
　　Ddyfradwy hardd frodir, a gerir yn gu;
Ac yma'n ddi-gamwedd, Siôn Wyn sy'n ei annedd,
　　Tangnefedd di-waeledd i'w deulu.

Siôn Wyn o Eifionydd, fy annwyl Eifionydd,
　　Siôn Wyn o Eifionydd sy'n gelfydd ei gân;
Gwir Awen a grëwyd, a Miwsig gymhwyswyd,
　　Gyd-blethwyd, hwy unwyd a'i anian.

O Chwilog iach olau, bro annwyl a'i bryniau,
　　Yn llon at Llanllynau a glannau y gwlith,
Rhown dremiad di-atreg a chenir ychwaneg,
　　Ychwaneg i fwyndeg fro'r fendith.

Gwlad bêr Llanystumdwy, oludog, fawladwy,
　　Erioed cymeradwy, clodadwy, clyd yw;
Ireiddiol fro addien, pau rywiog pêr awen,
　　Nid amgen gardd Eden—gwerdd ydyw.

Gwêl glogwyn pinaglog hen Griccieth gastellog,
　　Uwch annwfn trochionog, ardderchog ei ddull,
Uwch agwrdd grych eigion a'i lidiog waelodion;
　　Mor dirion i Feirddion ei fawr-ddull.

Hyd Dreflys, ar ynys fy nhuedd a 'nhywys,
　　Tremadog ymddengys yn drefnus ar draeth
Goleuedig waelodion, lle treiglai y wendon,
　　Yn feillion tra hylon, tir helaeth.

Eben Fardd

Ar fynwes Eifionydd, fy annwyl Eifionydd,
    Y magwyd ein "Dafydd," dieilfydd ei ddawn;
Mae'r "Bardd Du'n" ymlonni o herwydd ei eni
    Rhwng llwyni a deri'r fro diriawn.

Fy annwyl Eifionydd bwriadai yn brydydd
    Ei Phedr sy mor gelfydd, ei gywydd a'i gân.
Ac Elis o'i goledd, rhad awen o'r diwedd
    Droi'n sylwedd o unwedd â'i anian.

Planhigyn o ganol Eifionydd wiw faenol,
    Yw Morys awenol, farddonol ei ddawn;
Paradwys y prydydd yw f'annwyl Eifionydd,
    Bro lonydd, llawenydd, lle uniawn.

Clau wrando!—clyw'r wendon! yn suo yn gyson
    Hyd lonydd gwyrddleision bro Eifion bêr hardd,
Wrth weld ei wrth-gysgod ar Gantref y Gwaelod
    Myfyrdod sy'n gorfod y gwirfardd.

(Rhai blynyddoedd cyn 1838)

Siôn Wyn: John Thomas 1786-1859, "Siôn Wyn o Eifion";
Dafydd: David Owen 1784-1841, "Dewi Wyn o Eifion";
Y Bardd Du: Robert Williams 1766-1860, "Robert ap Gwilym Ddu;
Pedr: Peter Jones 1755-1845 "Pedr Fardd";
Elis: Ellis Owen, 1789-1868;
Morys: Morris Williams 1809-1874 "Nicander".

Y rhain, ac Eben Fardd ei hun, oedd "Beirdd Eifionydd", ac yn fawr eu bri yn oes Eben Fardd.

Llong-ddrylliad yr Ager-long
Rothsay Castle
A drawodd ar draethell yr Isellmyn,
Awst 17 1831

I

Duw Iôr mawr daear a'i moroedd,—ddwg im'
    Dy gymorth o'r nefoedd,
I gofio'r hin wnâi flin floedd,
Erchylldawd difrawd dyfroedd!

    Mis ir Awst, amser ystwyth,
    Pan oedd dyffrynnoedd da'u ffrwyth,
    Prennau, a phob bryn a phant,
    Yn gwenu dan ogoniant
    Cnydau teg, hynod eu twf,
    O liw eurdeg hael irdwf:
    Paratoi wnâi llu'r pryd hyn,
    O'u hardaloedd, er dilyn
    Difyrdaith hyd y fawrdon
    O Loegr ferth i liwgar Fôn.
    Ar neges, rhai anogid
    I roddi tro o'u bro brid,
    Er chwilio rhyw orchwylion
    At elw a lles teulu llon;
    Ac, fe allai, cyfeillach
    A gludai wŷr o'u gwlad iach,
    O chwant hir, goruwch cwyn ton,
    I weled rhyw anwylion;
    Ac am daith, er cymdeithas,
    Trwy y tro, at rai o'u tras.
    Ieuaint o geraint gorau,
    Amdoi o'u cylch, ymdecau,
    A gwneud iawn orlawn arlwy

Eben Fardd

> I ddwyn taith, yr oeddynt hwy;
> Rhodiai gwŷr o wridog wedd,
> Gorau gall, efo'u gwragedd;
> Ac yn eu plith gwenai plant
> Gwiw geinion eu gogoniant.

Pan yn Llynlleifiad, â di-wad awydd
I'w hynt ragluniol, hwy aent i'r glennydd, Gan roi golwg â gwen ar ei gilydd
Ail gwrid ebrwyddol gwawriad boreddydd;
Hoywi 'mlaen am lawenydd,—heb ofn berw
Murmur hyf lanw y môr mawr aflonydd.

> Tua'r llong y tyrrai llu—ar fyrder
>   Troi'r fordaith at Gymru,
> Dan obaith adwynebu
> Ardal deg, o'r dilyw du.

O'u lliwgar iach oror, Lloegr a'i chyrrau, Morio a fynnent—o amryw fannau,
I heulog Wynedd hwyliai ugeiniau,
Yn fyw am ddilyn nwyf eu meddyliau;
A disgwyl mewn hwyl mwynhau—cysur teg
Ar dirion adeg am rai diwrnodau.

Suai gwrddfor ar Rothsay agerdd-fad, Droellai yn y llif o dre Llynlleifiad;
Dwyn lluon drosodd dan eu llawn drwsiad, Yn fywiog, bybyrog bawb eu bwriad;
Awydd da'u mynwes oedd eu dymuniad, Tramwy yn ystig hyd dir Môn wastad,
Liwdeg, lwys, oludog wlad—Derwyddon
A hen drigolion diwair eu galwad.*

---

* *Gwrddfor:* Gwrol fôr. *Agerdd-fad:* Ager-bad; llong ager.
Bybyrog: Pybyr, brwdfrydig. *Ystig:* brwd, parod.

Wele'r agerddlong yn hwylio'r gwyrddlif,
Yn llawn rhianod a llon wŷr heinif,
Allan o'u cofrestr oll yn eu cyfrif,
Neb yn ei ddagrau, pawb yn byw'n ddigrif;
Gwthio'r llong, er gwaetha'r llif—filltiroedd
Ar hyd y dyfroedd rhuadwy, difrif.

   Bu ar fyr ewybr foriaw
   A hwylio'n llon, law yn llaw,
   Heb wlychu twyg;—bylchio ton,
   Torri rhigol trwy'r eigion;
   Ystyllod yn sidellu
   I arddu dŵr o'r ddau du;
   Trwy galon ton treiglent hwy,
   Tyrfai wrthynt ryferthwy
   Mawr wynboer y môr enbyd,
   Ei ferw gwyrdd a'i fâr i gyd.
   Fe godai du fwg di-dor
   O'r agerddfa i'r gwyrddfor;
   Lluniai ei gylch mal llen gêl,
   A brychai yr wybr uchel.

Er a gurai y môr a'i gerrynt,
Lanw afrwyddol, nofio'r oeddynt,
A llawen hwylio oll a wnelynt,
Ei eres odwrf ni arswydynt.

Ond O! fawr goll mewn dwfr gelloedd—drwy fawdd
   Darfu oes llaweroedd;
Eu morawl hynt, marwol oedd,
Ac oer lewyg ar luoedd.

      Deuai'r ennyd ar unwaith
      I yrfa'r llong ar fôr llaith;
      Arafu'n chwai, er ofn chwith,

Eben Fardd

    Gwridai gwawr gwŷr digyrrith!
    Ymwthiau, oriau meithion,
    Mewn dŵr dig, ymwneud â'r don,
    A'i deuflaen yn ymdaflu
    Yn nygyfor dyfnfor du!

Gan wynt dirfawr yr eigion yn tyrfu,
A'i donnau anwar, diau, 'n ewynnu,
Y llwnc anorfod, llenwi, cynhyrfu,
Mwy drwydd allan, a'i ymdarddellu!
Ddŵr chwyfiog yn ymddyrchafu—yn oerlaith,
A di-boen eilwaith yn cydbannylu.

Ebrwydd, er braw, ei bwrdd o'r bron—drosto,
    Drwy ystum y wendon,
Lifeiriai o lafoerion
Uwch ben llawr a chaban llon.

    Du nos oedd yn dynesu,
    A dydd teg nid oedd o'u tu;
    Glân wybr oll â'i golau'n brin,
    Gwawr a lliw y gorllewin
    Yn gwelwi yn eu golwg
    I ebrwydd wyll wybraidd wg!

I'r tirion deithwyr, taran adwythig
Oedd croch dyrfau mawr gwysau'r môr gesig;
Tan ing rhuadwy ton angharedig,
A'i berw ffrydiol, ergydiol, rwygedig;
Eu holl fryd yn llwfredig—a droai,
Dirfawr ymlenwai'r dewrfor mileinig!

    Byr achwyn a brawychiad
    Barodd hyn, a mawr bruddhad;
    Rhodio bawb ar hyd y bwrdd,

Ymddidol mwy i ddadwrdd
A chrybwyll yn amhwyllog
Pa argoel cryf perygl crog
Oedd uwch y llong yn hongian,
Arwydd gloes cyn cyrraedd glan!
Ffrydiau dig a phoer di-dor
Llifeirient i'w holl farwor;
Hi redai'n wan ar don werdd,
Wrth ddrygu nerth yr agerdd!
Rhyw ddiluw chwyr, hyrddiol, chwai,
Is Gogarth a'u hysgegiai,
Drwy'u sigo i draws ogwydd
Dan guwch oer ei donnog chwydd!

  Hwnt ymwrient am oriau—ag amlwg
    Forgymlawdd y tonnau;
 Rhyw liaws gwych ar lesgáu
 O flaen dwr a'i flinderau!

Ond O boen! O boen! O boen! a bennai
Dynged eu hantur,—dolur a'u daliai!
Gwyrodd y bad, a'r agerdd a beidiai;
Pallodd eu rheswm, pwyll a ddyrysai!
A mawr rŵth y mor weithiai—i'w herbyn,
Holl ing dŵr ewyn!—a'r llong darawai!
Y tro nodedig tra hynod ydoedd,
Cario torf lawen o'u cartrefleoedd
Allan o nodded eu llon anheddoedd,
A'u difa'n dyrrau yn y dyfnderoedd!
Dwfr gwyllt afrywiog oedd—yn dryllio'u cêr,
Trybaeddu llawer, tra boddai lluoedd!

  O! symudiad siomedig!—rhai annwyl,
    Rhieni caredig
 Yn suddo'n llwfr mewn dwfr dig,
 Dan frad y don ferwedig!

II

Hwy lithrent i ael athrist
Y *Dutchman's Bank*, er tranc trist!
Annifyr oedd eu nofiad;
O! gulni'r bedd! glynai'r bad!
Ni fu'n hir yn y fan hon,
Nes agoryd yn 'sgyrion!
Nofio'r môr yn ofer mwy!
O! fynediad ofnadwy!
Er ymgais troi o amgylch,
Dim ond tonnau'n cau o'u cylch!
Er hwylio i gael rhyw le gwell,
Drwy wthio 'mlaen o'r Draethell,
Delai nerth i'w dal yn ôl,
Chwyrn gerrynt môr-wynt marwol—
Mawr a bach mwy ar y bwrdd
Dan wgus donnau agwrdd,
Hyd y llestr yn ymrestru
Rhwng y dwfr a'r angau du;
A hwythau yn llesg weithion,
Treiddiai braw at wraidd eu bron;
Braw o ethryb y rhuthrau,
Garwaf hin yn ymgryfhau;
Penlinio, gweddïo'n ddwys,
A'r morllif ar ymarllwys
I'w hysgubo is gobaith!
Ofnadwy'r lle! Ddyfnder llaith!

Yn lew y galwant, yn nwylo'i gilydd,
Ar Dduw i'r adwy yn rhwydd Waredydd
Och! chwerw wasgfa! O! ddalfa ddïeilfydd!
Llwyr ddigalonnai, crynai carennydd!
Ymrôi o flaen môr aflonydd—rhuthrol,
A bawdd merwinol, heb ddim arweinydd!

Ymysg ei gilydd ymwasgai gwaelion
Yn bur agos i wyneb yr eigion;
Ochri i'w ddeifr, a churo y ddwyfron,
Ochain oll ogylch yn eu llewygon!
Taenid ofn y tonnau dyfnion—drostynt,
A'u drwg helynt a dorrai eu calon!

  Ond daeth yn waeth waeth weithion,
  Oer lif du yr olaf don
  A'u lluchiai o bob lloches;
  Gwingo wnaent, ac angau'n nes!
  Chwyrn daflai â'i chorn dieflig
  Bawb i isder dyfnder dig;
  Ni allai cnawd nabod neb,
  Hwy daenid ar hyd wyneb
  Y weilgi ddofn ddialgar,
  Gweilgi'n tryferwi trwy fâr!
  I lawr o'u llong wele'r llu,
  Gan ubain, yn gwynebu
  I'r naid fawr anadferol,
  Naid anhawdd i'w neidio'n ôl!
  Wrth adael eu gafaelion,
  Agorai brad ger eu bron;
  Enbyd awr! pob wyneb dyn
  Yn nhueddau anoddyn.
  Drwy ynni'r llif, darnau'r llong,
  A gorlwyth yr agerlong,
  Lyncai'r anferth ryferthwy,
  Heilltion ddeifr a'i holltai'n ddwy
  Rhyw annedwydd oernadu,
  Griddfan yn y fan a fu;
  Banllefain, gerain, gawrio,
  Ac wylo trist, glywid dro;
  Y gwŷr hygar a'u gwragedd,
  Erfyn byw ar fin y bedd,

Yr oeddynt, lwydion ruddiau,
Er gwywo'n hir a gwanhau;
Dymuno i gyd am einioes,
Gwingo 'nglŷn ag angau loes!
A dwyn y tad a wnâi ton
O ddwylo ei eiddilion;
Eiddilion a blinion blant
Ar wen-gwys yr ewyn-gant!
Baeddu'r fam a boddi'r ferch!
Hyrddio tros ruddiau traserch!

Ond taw ar fywiog sŵn y tyrfaoedd
A roes dymchweliad afrad y dyfroedd;
Ust! o'u mewn tawai trwst y minteioedd,
Nawf y gwyn foryn fygai niferoedd!
Pl'eidiai, aflwyddai y floedd;—O ddyfnder
Mantellai lawer mewn tywyll leoedd!

Lloer y nef, lleuer y nos,
Ddihengai rhag ymddangos
Tu hwnt i gwmwl dwl, du,
Ar wŷr, i lwyr alaru;
Rhag edrych ar ddrych mor ddrwg,
Mynnai gael man o'u golwg;
Ond eto'n bwrw rhyw welw wawl
Ar y môr a'i rai marwawl;
Trwy rwyllau'r cymylau mân
Lleueru mal lliw arian.

Lled welent drwy'r llwyd olau—eu hunain
    A'u hannwyl berthnasau
  O'u llafur hir yn llwfrhau,
  Yn llongaid yn llaw angau!

Rothsay Castle

Y llong ysgytiwyd, rhwyllwyd hi'n ddrylliau:
Anrheithiwyd, tynnwyd, gan nerth y tonnau
A'u cas wyllt odwrf, bob cysylltiadau;
Torrai'r hwylbren a'i deupen yn dipiau;
Destl asiad ei hystlysau—mewn suddiant,
Deuai'r llifeiriant drwy ei holl farrau.

   Rhag bawdd trachroes, trengol duloes,
   Am eu heinioes ymwahanent;
   Ar ryw estyll, hyd frig candryll
   Ewyn teryll hwy anturient.

Rhai draw drwy estyn ar hyd rhyw drawstiau
O'r anrhaith brochus, ar nerth eu breichiau,
Drwy gryn drallod ar gyrion y drylliau,
Gaent weithiau anadl, er gwynt a thonnau
Unigol oeddynt yn eu gwaeleddau;
Och o'r truain noethion, chwerw'u triniaethau!
Gefn y nos, aros oriau—yn y môr,
A distryw ei ddi-dor dost hyrddiadau!

O'u tirion iechyd rhai a wanychent,
Gofal, gallu, a gafael a gollent;
Mwy i wyll angau hwy ymollyngent;
Wele'r awr olaf!—i lawr yr elent!
Ar dir angof oer hwy drengent—mewn dychryn,
Ym mol anoddyn hwy ymlonyddent!

   Rhyw ychydig warchodwyd
   Ar boer y llif a'r berw llwyd;
   O flingol afael angau
   A'i egni hyf i'w gwanhau;
   Ar noethbren llwm bwhwman
   Ceisio ymlywio am lan,
   Yr oeddynt yn wareiddiol,

Eben Fardd

    Ceisio nerth ac oes yn ôl;
    Pwl nos oedd, heb haul na sêr
    Ar y llif yn rhoi lleufer;
    Trwch dywyllwch i'w dallu
    Ar arw fôr ryw oriau fu;
    Y lloer aethai'n llwyr weithion,
    Hawddgar bryd, oddi ger bron,
    A thrwy agwedd ei throgylch,
    Trefn ei gwawl i'r terfyn gylch;
    A'i llewyrch a bellhaodd,
    A'r gwyll tew er gwall a'i todd!

Ond er trugaredd, ein Duw'r Twr gorau
Wnaeth ddirgel ostwng a throi ei glustiau
I'w hocheneidion a'u hachwyniadau,
A gyrrai odidog warediadau;
Ceid ei air tyner i'w cadw o'r tonnau
A llaw gyfyngol llewygfa angau;
Ac awyr bêr gwawr y boreu—lonnodd
Ac a ail gododd eu golygiadau.

    Ymnesáu cymwynaswr
    O Fôn deg i fin y dŵr;
    Trannoeth wedi'r trueni
    Gwelai'r llong ar glawr y lli,
    Y llong-friw hyll eang-freg,
    Annillyn bryd, yn llawn breg;
    Ni oedodd ei fynediad,
    Ar fyr y bu rwyfo'r bad
    I olrhain rhyw druain draw
    Yn rhes oeddynt ar suddaw.
    Walker dyner a daniai
    O awch prid i achub rhai;
    A gwas fu ar neges fwyn,
    Mewn cwch yn mynnu cychwyn;

Cychwyn er dwyn rhai dynion
I hyfryd dir o frad ton.

Cwympai dewrion y *Campedora*—trwy boen
　　I'w tri bad mewn hyfdra;
　Hynt fuddfawr!—caent o foddfa
Lawer dyn i dywyn da.

Sir Richard Bulkeley ynte i'r antur,
A'i lonber weision, elai yn brysur,
Bôr t'wysogol, ni bu hurt a segur,
'Ran lluniaethu'r hyn allai ei wneuthur
I gadw ei garedig gyd-greadur
O fawr ddialedd y dwfr a'i ddolur;
I ddwyn i bawb ei eiddo'n bur—o bant
Môr a'i ddylifiant, mawr oedd ei lafur.

Biwmares ym mynwes Môn
Argelai y rhai gwaelion
O oer nych hir, yn ei chôl,
Dan nodded adnewyddol;
Ceisiai yrru cysuron
I wyntio braw hwnt o'u bron,
A'i llaw o hyd yn lleihau
Eu loesion a'u haml eisiau:
Teg oror lletygarawl,
Gor-haeddai fyth gerdd o fawl.

Ond O! ofid sy'n difa
Hanfodiad pob teimlad da!
O! 'r nos ar druension,
Mawr fawdd twr ym mherfedd ton!
Heirdd blant yn y llethiant llaith,
A'u rhieni ar unwaith!
Chwaer a brawd fu'n wychr eu bri,

Eben Fardd

Beiddiodd y môr eu boddi;
Y fun lwys a fynnai ladd,
Er iach haelryw uchelradd!
Gŵr a'i wraig i'r oer eigion,
A llanc dewr, llyncai y don!

O Arglwydd yr arglwyddi,
Ni all nerth ein deall ni
Byth dybied beth yw diben,
Dreithr nod, dy waith o'r Nen;
Ni ŵyr un, er ei annel,
Fore ddydd, pa fraw a ddêl
O flaen nos, i'w flin ysu,
Drwy gur tost, i'r gweryd du;
Gan iawn fyw, egnïwn fod
Ben bore bawb yn barod.

(1832)

Mangofion am Chwilog

I Chwilog rwyf heddiw'n dychwelyd,
    I mi ryw fan hyfryd yw hon;
Hen droeon, hen gofion a gyfyd,
    I lanw fy mryd a fy mron;
Bu yma ryw Sarah gysurus,
    Yn ieuanc a hoenus cyn hyn,
A ganai, a folai yn felys,
    Ar nodau soniarus Siôn Wyn,

Rwy'n cofio chwaer fechan i honno,
    Pan oeddwn i yno fy hun,
Amlygai dueddiad tra mwynaidd,
    Benywaidd a llariaidd ei llun;
Mae hon erbyn hyn ar fin hwylio
    A gado'i babandod i gyd,
Ymollwng ymlaen yn anturus
    I donau enbydus y byd.

Er mwyn ei thyneraf berthnasau,
    Ac er ei mwyn hithau ei hun,
Er mwyn ei phrydferthwch plentynnaidd,
    Er mwyn ei dull llonaidd ei llun,
Er mwyn yr hen amser aeth heibio,
    Caed llwyddiant lle byddo'n ddi-baid,
Erfyniaf ar Naf yn y Nefoedd
    Byth lywio'i gweithredoedd wrth raid.

Wrth alw i gof yr hen amser,
    Myfyrdod yn drymder a dry,
Ond eto mae'n ddifyr, addefaf,
    Mae'n bleser a garaf yn gu;
Er cael o gwr Chwilog ein chwalu,
    Rhagluniaeth fu'n trefnu y tro,

Rwy'n casglu er hynny mewn munud
    R'olygfa ynghyd yn fy ngho'.

Rwy'n cofio yr amser aeth heibio,
    Ryw Goodman yn seinio'n dlws iawn;
Mae hwnnw yn awr yn y ddaear,
    Er gwyched ei ddengar, bêr ddawn!
Cyfrifwn un Robert mor hybarch,
    A charwn ei gyfarch mor gu,
Am hwnnw nid oes i mi bellach
    Ond cofio'r gyfeillach a fu.

Rwy'n cofio un arall yn iraidd,
    Yn wrthrych caruaidd erioed;
Pa wrthrych a garwn ragorach
    Anwylach, mwyneddiach mewn oed?
Ond gwrthrych oedd Hon a ffoes ymaith,
    A mwy fy nghydymaith nid yw,
Heblaw yn fy nghof i fy hunan
    Ni wn yn mha fan y mae'n byw!

Ar deg uchelfannau Llanarmon,
    Mae Ffermdy ar gyrion rhyw gae,
Yn mynwes mân goed llawn o ffrwythydd,
    Perllannau a maesydd, y mae;
Ei ganfod sy'n dwyn i fy nghalon
    Ryw gofion ar gofion yn gu,
Na flinwn am ddiwrnod yn cofio,
    Myfyrio am amser a fu!

Mae eto rai enwau yn annwyl
    A'u cofio sy orchwyl o serch,
O'm mewn y mae olion yr undeb
    Fu rhyngom yn fab ac yn ferch;
Mae rhai wedi myned drwy angau,

Mae eraill dan bwysau y byd,
Ail genedl yn awr sy ar gynnydd,
   Dieithriaid i'n gilydd i gyd.

Rwy'n cofio'r tro cyntaf ces fyned
   I waered, i weled Siôn Wyn,
A chael ei gyfeillach ragorol,
   Dymunol, diddanol oedd hyn;
Roedd gennyf un brawd y pryd hynny,
   Mae'n awr yn y llety, oer llwm,
Yn adfail ymysg y priddellau,
   A'i gofio ar droau sy'n drwm!

Siôn Wyn oedd canolbwynt ein gyrfa,
   A mawr oedd ein tynfa at hwn;
A chofio'n hymlyniad serchiadol
   Sy iddo'n ddymunol mi wn;
Rwy' hefyd yn cofio chwaer iddo,
   Da gennyf am honno o hyd;
Mwyneidder ei thyner deimladau
   Lareiddiai lym boenau y byd.

Ond cofio, pa ddiben a etyb?
   Nid wyf ond cyffelyb i ffôl;
Yr amser aeth heibio'n dragywydd!
   Ni ddychwel o newydd yn ôl!
Mae eto'r fath bleser mewn prudd-der,
   A mwyniant o drymder ar dro
Na fynnwn, pe medrwn ymatal,
   Byth beidio â'u cynnal mewn co'!

(Llun y Sulgwyn, 1836)

Afaon
Y Bardd Ieuanc o Balas Anian
(Detholiadau)

Afaon yn Ifanc

Yn bum mlwydd oed dechreuai aidd
    Ei deimlad ymddatblygu;
Dyrchafai'r rhin oedd yn ei wraidd
    Yn araf at i fyny;
A naws ei awen welid braidd
    Fel blodyn yn blaendarddu;
O! Fel y swynid ef yn mhalas anian
Yn wir erbyn hynny, pan ar ben ei hunan!

Pan safai fry ar ben y bryn,
    Môr-gilfach Aberteifi,
Edrychai fel rhyw eang lyn
    Yn mhelydr haul yn berwi,
A'r llongau dan eu lliain gwyn
    Yn dawnsio arno'n heini',
Afaon a swynid ar wiw fynwes anian
Yn wir erbyn hynny, pan ar ben ei hunan.

Bryd arall, treiglai tonau'r bae
    Fel myrdd o wyllt afonydd,
Gan dorri tros bob creigiog gae,
    A galw ar ei gilydd;
Yn boer i gyd, i beri gwae,
    Ar Glannau fel siglennydd;
O! Mor ofnadwy oedd cyffro y tonnau,
Ewynnent a rhuent fel mil o raeadrau.

Afaon

Afaon lechai dan ryw berth,
 A thua'r môr edrychai,
Naill du i Gricieth a'i thŵr serth,
 Ton ar ôl ton ymlidiai;
Y môr ymdreiglai, â'i holl nerth,
 A'i ganol a frigwynai;
A lluwchfa wastadol o forlan Meirionydd
A wnelai'r olygfa'n grynodeb o stormydd.

Ond i Afaon, sŵn y gwynt
 Yn suo yn y berthen,
Oedd wir fwynhad y ddedwydd hynt,
 Fel un yn nghysgod cawnen;
A lle o'i fath ddewisai'n gynt
 Na thŷ a theulu llawen:
O! mal y swynid ef yn mhalas anian,
Pan fyddai'r elfennau o'i amgylch yn clecian.

Ar deg foreau hyfryd haf,
 Ai allan hyd y meysydd;
Erioed ni chlywsai beth mor braf
 Â miwsig yr ehedydd.
A'r awyr oll fel nefoedd Naf,
 Yn ferw o seiniau celfydd;
O! mal y swynid ef yn mhalas anian
Yn wir erbyn hynny, pan ar ben ei hunan.

Ei holl synhwyrau ieuainc oedd
 Yn fath o aur bibellau,
I ddwyn i'w syniaeth bob pêr floedd,
 A threm, ac arogl gorau;
A thynnu anian wnâi ar goedd
 Trwy'r glust, a'r ffroen, a'r genau;
A'i lygaid yn chwerthin ar bob amrywiadau,
Daearol a dyfrol, ei faith ystafellau.

Eben Fardd

Y coed yn llonydd, heb ddim rhith
    Ysgogiad yn eu brigau;
Ac ar ôl bod yn gwlych mewn gwlith
    Yn sychu 'ngwres y bore;
A rhyw aderyn bychan brith,
    Yn nghanol y canghennau,
Yn siffrwd y dail wrth gyweirio ei delyn
I annerch yr haul oedd yn codi gyferbyn.

Ryw encyd draw ar fynydd ban,
    Agorai'n llon ei lygaid;
Ac yna braich o fryniog lan,
    Yn dal y glyn yn goflaid;
A rhyw hedd tawel ar bob man,
    Yn newydd a diniwaid;
Y cwbl fel heb ddeffro o gyntun y noswaith,
Oddieithr y gwawl-gerbyd oedd ar ei hynt ymaith.

Melynnai'r haul â lliw di-dawl,
    Ymylau serth y moelydd;
O'r lamp wybrennol llifai gwawl,
    Aurliwiog hyd y gelltydd,
Afaon ga'i y cwbl i'w hawl,
    O roddiad y boreddydd;
Tra'r ydoedd tlos anian yn gwneuthur ei gorau
I drefnu ei phalas, a gwychu'r 'stafellau.

Ffarwel Athro Afaon i'w Ddisgyblion

Ffarwel, Afaon! Dyma'r dydd.
   Y dydd sy wedi dod;
Caru ac ewyllysio eich lles
   Yn gynnes gwn fy mod.

Hiraethus wyf, oer aethau sydd
   Yn ymgudd dan fy mron;
Am fod yn rhaid im' ganu'n iach
   I chwi'm rhai bach o'r bron.

Er bod eich cwmni'n hyfryd im',
   Ni chaf ef ddim yn hwy;
Bydd colli gwedd eich wyneb llon,
   O dan fy mron yn glwy.

A! rhaid eich gadael oll i gyd,
   I gyd, mewn tristyd dro!
Hen le'n cynulliad amser hir
   A roed yn glir dan glo.

Ffarwel! Ffarwel fy annwyl rai!
   Ni chana'i ddim yn hwy;
Ar dorri 'nghalon, byddaf, och!
   Heb weled monoch mwy.

Olwen yn cyfarch Afaon

Afaon bach! mor fwyn y bu,
    Dy wên a'th garu gynt,
Ond diffodd wnaeth fel cannwyll frwyn,
    Y gwanwyn, yn y gwynt!

Ti anghofiasit fam a thad,
    I'm cael yn gariad gynt,
Ond chwythwyd pob adduned dda
    Fel manus gyda'r gwynt!

Meddyliais innau'n ddigon gwir,
    Dy fod yn gywir gynt—
Ond beth yn ddrych o'th serch a gawn?—
    Edafedd gwawn mewn gwynt!

Mi gredaf bellach er fy lles,
    Hen gyngor ges i gynt,—
Na rown ar fab a'i haeriad moel,
    Ddim mwy o goel na'r gwynt!

(1853)

Ymweliad â Llangybi

Llangybi!—os wyf fi fardd,
Pa ehud!*—pwy a wahardd
Un awdl fer, o anadl foes,
Un annerch, brynhawn einioes,
I ti, fy Llangybi gu,
Fan o'i gwr wyf yn garu?
Hoff o Fôn oedd Goronwy;
Tydi a garaf fi yn fwy;
Yn dynn ar dy derfyn di
Ynganaf gael fy ngeni;
Mae bendith fy mabandod
Yn wir ar dy dir yn dod.

   Hiraeth heddiw yw'r arwr
Egyr y gân o gwr i gwr!
Y fynwent â'i beddfeini
Yn flaenaf, fyfyriaf fi;
Y mae rhan o'm rhieni
O fewn ei swrth fynwes hi;
Deil eu llwch, nes y dêl llaw
Duw Anian i'w dihunaw.

   Isaac Morys gymerwyd
I gwr ei llawr a'i gro llwyd;
Ni eithriwyd yr hen Athro,
Yn anad 'r un, yn ei dro!
Dyna fedd Dewi Wyn a fu—ben bardd,
   Heb neb uwch, yng Nghymru;
Ond ble mae atsain cain, cu,
Tinc enaid Dewi'n canu!
Mae degau o'm cymdogion,
A'u tai yn y fynwent hon;
A mi'n ieuanc, mwynheais,

---

* *Ehud:* Ffolineb.

Ag aidd llon, eu gwedd a'u llais;
Ond O! y modd! dyma hwy
Isod, ar dde ac aswy,
Yn fudion lwch—hanfodau,
A neb o'i hun yn bywhau!—
Codwch! codwch! lwch di lun!
Gwyntiwch, o'ch tawel gyntun,
Echwynwch un fach einioes,
Neu ddarn o ryw newydd oes,
I siarad hen amserau
Gyda'ch gilydd, ddydd neu ddau!
Buoch bobl, a baich y byd
Ar eich gwarrau uwch gweryd;
O! mor chwai, pan delai dydd
A'ch galwad at eich gilydd;
Fel hyn, gryn fil ohonoch,
Y gwnaech lawen grechwen groch;
Gan annerch, yn gynhenid,
Y naill y llall, heb un lliw llid:
Torrech trwy holl faterion.
Hyn o blwy, yn wyneb lon;
Dilynai eich dylanwad
Trwy fywiog lu tref a gwlad;
Lloer eich dawn, fel llewyrch dydd
Hwyliai'r genedl ar gynnydd:
Ond wele nawr, delw neb
Ni ymwâna i'm wyneb!
Heddiw'n dlawd—ddienaid lu,
Mae'ch olion yn ymchwalu,
Yn llwch, o un bedd i'r llall,
Andwyol, heb un deall!
Ebrwydd y llun, yn bridd llwyd,
I aflerwch faluriwyd.
O! mae'n dost i'm henaid i,
Raianach sâl! arnoch sylwi!

Ymweliad â Llangybi

Ddof dorf!—mor ymddifad y'ch
O'r gannwyll fu'n hir gennych!
Y meddwl a'i ymwyddiant
Ymaith fodd, a chiliodd chwant!
Cysgwch cysgwch! lwch y wlad!
Hyd fore yr adferiad;
Eich Duw yn unig a'ch deall
Yn y llawr llwch y naill a'r llall!

    Af i'r Llan, fan o fonedd,
Hyd yr hen Lan,—hi dry'n wledd;
Cofion ar gofion gyfyd
O lwybrau mêl bore 'myd:-
A! dyma'r Fedyddfa deg,
Man Bedydd, min bo'i adeg;
Er ystod faith cristiwyd fi
Yn nawdd hon, newydd eni;
Duw i fy rhan! â'i dwfr rhydd
Fe'm mwydwyd yn fy medydd;
Boed da y ffawd, bedydd ffydd
Fo y ddefawd, fyw Ddofydd!
Bedydd ffydd, boed da y ffawd,
Fyw Ddofydd! fo y ddefawd!

    Roberts, beriglor hybarch,
Y mwyn ŵr, mae yn ei arch!
Urddasai'r Llan ar Ddywsul,
Am hir dalm, gyda'i Salm Sul;
Lle seiniai'r holl Wasanaeth
Yn dawdd ffrwd o weddi ffraeth,
Pan i'w bulpud symudai,
Ar ôl Pader fer, ddi-fai,
O'i ben y gangen gyngor
Ddeuai i dwf yn ddi-dor;
A llais llym, da'i rym, di-rus,
Seiniai eiriau soniarus;
A'i ddygiad yn fon'ddigaidd,

A iach o bryd, uwch ei braidd:
O'r hen ddull ei rinwedd oedd,
Caredig mewn Cur ydoedd:
Da i'r tlawd, er atal loes,
A diddanu dydd einioes;
Eto gwyllt,—nid at y gwan,
Ŵr gonest, rhywiog anian,
Ond at y gweilch beilch, di-bwyll,
Na ddywedent yn ddidwyll;
Ymawyddai am heddwch;
Ni haeddai lai—hedd i'w lwch.

   Trof yn awr, trwy y fan hon,
Hyd y grisiau lled-groesion,
Ar osgo, i le'r Ysgol,
Oedd fyw o nwyf, ddydd fu'n ôl,
Sef llofft y Llan, man mwyniant,
Ddesgiau'r plwyf at ddysgu'r plant.
O! dyma olygfa lwys
Ar waglofft brudd yr Eglwys!
Nid oes twrw!—hûn distawrwydd,
Dwng yma'i le, ers tri deng mlwydd;
Mae hynny'n oes, fel mewn un awr!
Fel dim! onid dim yw'r tymawr!
Onid dim, dim ond dameg,
Yw ein hynt oll i henaint teg!

   Estyll y lleoedd eistedd
Ŷnt o'r un waith, eto'r un wedd,
Lle galwyd, â llaw-gyllell,
Gwneud bwlch, neu gnöad, o bell,
A tharo brath i ryw bren,
Neu ysu twll mewn ystyllen,
Gan hogiau go anhygar,
Taeog o wedd, tew eu gwar;
Pery'r hen graith i faith fyw,
A'i naddiad yr un heddiw;

Ymweliad â Llangybi

Ond yr awdur o'r direidi,
Neu ddim o'u rod, ni wyddom ni!
Ton ar ôl ton a'u taenodd,
Pwy ŵyr eu rhan, na'u man, na'u modd!
Dyma fainc, a chainc ar ei chwr,
O!'r dyndod mawr ei dwndwr
Hyd-ddi gynt ydoedd dda'i gwedd,
Yn gostwng, codi, ac eistedd;
A throi llyfr, a tharo llaw,
Cynllwyn o bobtu'r canllaw,
Yn gu, rosynnog, res annwyl,
Yn gariad i gyd, mewn gwrid gwŷl!
Yr un fath yw yr hen fainc,
Lle safai'r lliaws ifainc;
Ond, O Dduw Ne'! p'le, p'le mae'r plant
Heinif, hoywon, yna fuant!
Trosglwyddwyd yr ysgolyddion
Fu yn eu cylch ar y fainc hon,
I lawer math o leoedd
O dreigl chwyrn, dirgel a choedd;
Un i'w le yn yr hen wlad,
Trofa eu hen gartrefiad;
Rhyw bell fangre yw lle'r llall,
Wyneb dŵr,—neu y byd arall!
Rhyw gwm sy'n rhy drwm i'w dramwy,
Am obaith mainc yma byth mwy!

    Dyma fi, Langybi gu,
A f'annerch yn terfynu,
Bellach, mae'm wyneb allan
O wynt y lle, fynwent a Llan:
Mae tynged yn mud hongian,
Gan ysgog at Glynnog lan;
Hi ddengys,—pwy faidd wingo?
A brwd frys, y briod fro;
Cyfeiria'i bys cyfarwydd

I grcu i'm rhan awgrym rhwydd.
Mai Clynnog, i'm cu lonni,
Ar fin môr, yw'r fan i mi.

(1854)

Dameg y Llysieuyn

Ein hoes, ar ddameg, yw hyn,
A llais yw o'r llysieuyn:
Ysywaeth! mal llysieuyn
O fyr dwf yw oriau dyn.—
Yr oedd o fewn rhyw ardd fach
Liaws o fân lysieuach,
Ac un o'r twr, mewn cwr cêl,
Yn suon yn nos—awel,
Ar ôl dydd o arial des,
Roes, mal hyn, ryw seml hanes:
"Isaf o ryw lysiau fil
Oeddwn, a'r mwyaf eiddil;
O wreiddiau gwael yr oeddwn,
Leia'i hawl yn y lle hwn;
Ond tyfais mewn gwynt hafaidd
I lew rym o ryw wael wraidd,
Ac a rifais rai cryfach,
Yn wyw eu gwedd, i'w bedd bach."

Deigryn ar ôl Ieuan Glan Geirionnydd

Ti gefaist ddawn o'r iawn ryw,
Anhuddwyd honno heddiw!
Heinyf nwyd o Nef wen oedd,
Tyner nwyf, tân o'r nefoedd;
Gyneuodd, gan gyniwair
Trwy'n bro werdd, a'r gerdd a gair,
Nes ennyn llawer syniad,
A choethi gwledd at chwaeth gwlad.
Nid dieithr i ti, Ieuan!
Oedd *y Bedd* fel cynneddf cân,
Cyn, gyda di-gryn, a da gred,
Iti i'w fewn eto fyned!
Yn nechrau dy fore faeth,
Tyneraist dannau *Hiraeth*,
A naws melys erys ar
Flas oesol dy *Felsassar*;
Dy gofiadwy *Adgyfodiad*,
Tyn ei holl swyn at ein lleshad;
Priodeddau prydyddol,
O ferw dawn, i fyw ar d'ôl
Sy yn y rhain, synnwyr rhydd,
Per rinau pur Awenydd;
Nwyd o dân, ynni di-dor,
Goroesant raen maen mynor,
I gario enw Geirionnydd
Ar lif ei ddawn i'r olaf ddydd

(1855)

Cyfansoddwyd y gerdd hon ar farwolaeth y bardd Ieuan Glan Geirionnydd.
Cyfeiriadau at gerddi unigol ganddo sydd yn italcs yn y gerdd uchod;
Atgyfodiad *Ieuan a drechodd gerdd Eben Fardd ar yr un testun.*

I Fy Mhlant, Mehefin 23, 1855

Elin yng Nghaernarfon ar neges; ei chwaer Elizabeth yn ei lle yn y Bont; James Ebenezer gartref; a'u hannwyl chwaer Catherine newydd ei chladdu!

Mae un wrth Gei Caerseiont;—
Un yn y bedd;—un yn y Bont;
Dim ond un gartre', lle bu'r lleill,
Naturiol frawd y plant ereill:
Hwnnw a'i fam heno a fydd
I'w gweled gyda'i gilydd!
    Deuddeng mlynedd ryfedd rifais.
I gael gerbron yn llon eu llais,
Bedwar o blant i'w bwydo
Yn fwyn o hyd dan fy nho:
Dedwyddol i dad oeddynt,
Pan yn chware gartre' gynt.
    Ni welaf y rhain eilwaith
Yma yn wir, am un waith,
Yn galw oll gyda'i gilydd
Mam! neu Dad! mwy am un dydd:
Dychwelodd Duw i'w chwalu;
Cyfran f'oes fydd cofio'r hyn fu!
    Iesu'n nawdd i'r rhai sy'n ôl!
Dedwydd fo'm, er ein didol;
Yr un waedd fawr yn weddi fo,
A'r un Duw a'n gwrandawo;
Er crwydro, suddo is âr,
Cymysgu, ac ymwasgar,
Undeb tragwyddoldeb ddaw,
An-wahanol i'n hunaw.

(1855)

Brwydr Maes Bosworth

Gair at yr Awen—Rhagoriaeth Brwydr Bosworth ar frwydrau dinod—Golwg yn ôl ar gystudd Prydain—Gormes y Cesariaid—Brud Hen Dderwydd—Gormes y Saeson—Gormes y Normaniaid—Ymgystlyniad y gormeswyr yn erbyn y Brython—Darostyngiad y Cymry dan Iorwerth—Anghydfyddiaethau y Cymry a'r Saeson—Rhyfeloedd y Rhosynnau—Llaw Cymru gyda Harri Tudur, Iarll Rismwnt—Ei diriad yn Aberdaugleddyf—Syr Rhys ap Thomas—Cychwyniad y lluoedd i Bosworth dan nawdd cenedlaethol y Ddraig Goch—Y cyd-gyfarfod ar Gefn Digoll—Y paratoad i'r Frwydr—Rhisiard Frenhin—Disgrifiad o weithrediadau y Frwydr—Cyfryngiad rhagluniaeth er adferu Unbennaeth Prydain i'r Brython—Canlyniadau dedwydd buddugoliaeth Harri Tudur—Terfyn yr Awdl, gyda "Byw Fo'r Frenhines!"

> O! Awen, bydd i mi'n borth,
> Am hysbysion Maes Bosworth!
> Maes cân yw ymysg cenedl
> Y Cymry, a chwery'i chwedl
> Yn awyr pob oes newydd,
> A ddel, hyd yr olaf ddydd!
> Ym Mosworth caed Gormeswr,
> Dyn i ddiawl, a'i ben dan ddŵr;
> Yn Bosworth y bu asio
> Darnau brad, er uno bro
> A dreisiasid dros oesau,
> Trwy nwydog wŷn teyrniaid gau,
> Asgennol oresgynwyr,
> Yn lladd eu gwell, eiddig wŷr; *
> Bosworth a wyntiai beiswyn
> Ach gyrrith, o'n gwenith gwyn;
> Us gwlad, a'i gwael asglodion,
> Fwriwyd draw yn y frwydr hon;

---

* *Asgennol*: Niweidiol, direidus. *Eiddig*: Gwancus, cenfigennus.

Nesáu Blaguryn i'n sedd,
O rawn hen ein brenhinedd,—
Rhuddin oedd o wreiddyn iach,
Nid olynwr di-linach.
Na hidlwn drwy ein hawdlau
Laeth afiach ymgeintach gau;
Drud hawliau brwydrau teilwng,
I'w hurdd da, y bardd a dwng;
Adroddion brwydrau eiddil,
I lawr a'u math, lawer mil!
Na laniont mewn ail einioes,
Yn y dydd bo newid oes;
Na roed cân iddynt anadl,
Na beirdd dwys eu bwrdd i'w dadl;
Ym mawl cledd, ni theimla clod
Drydaniaeth brwydrau dinod;—
A ganmolir gwŷn malais,
A bradwyr trwch brwydrau trais?
Na! edwant i ddinodedd,
Pwnc diwrnod fydd clod eu cledd;
Dattroir blaenoriaid eu trin,
Oedd ddoe'n wŷr, heddiw'n werin!
A cheiff holl gleddyfau chwant
Eu gweinio'n ddi-ogoniant!
Ond ar hawl y brwydrau hedd,
Ni dywed un oes—"diwedd!"
Ewybr dreiddia Brwydr Rhyddid
Anadl a bron cenedl brid,
Yn ffun hunan-ddiffyniad,
Yn gred Glyw, yn gariad Gwlad,
Gwrth-rym fydd i'r gorthrwm far,
Dry'n adwyau drwy'n daear.*

---

* *Ffun:* Anadl, ysbryd, bywyd. *B(f)ar:* Pennaf, blaenaf.

Brwydr Maes Bosworth

Ar gleddyf, mae rhyglyddiant,
A wano chwydd hunan chwant,
A ladd rwysg, a oludd red
Y mathrwr, trwm ei weithred,
Yr hwn gais drwy drais ro'i droed
Ar freiniau arfer henoed!

Bosworth ar flaenau'n bysedd,
A Waterloo, wnânt hir wledd;
Brwydrau a gaed, heb rodres,
Yn creu llwydd—yn cario lles,
Yn bwrw trais i'r obry trwch,
I adnewyddu dawn heddwch;
Brwydr Bosworth fu'n borth i'r byd
I ddod drwyddo at Ryddid
Bu'n borth i unben o barch
Ddod yma'n Udd ddiammarch—
I ddatrys ein hynys ni
O ŵdennog gadwyni
Weithiasai penbleth oesoedd
O dreigl a chwymp, dirgel a choedd,
I'n darostwng dan drawster,
A bwrw baich ar ein bro ber:—
Myrierid im' a'r aur da,
Cad Bosworth a'u cydbwysa!*

Ym more yr helbul mawr ar Albion,
Tremiai Rhufeinwyr tua'r môr-finion;
Ac, o syllu ar Ynys Caswallon,
O bleser golwg, âi blys i'r galon;—
Trwy gadau distryw y Giwdawd estron,
A garw fradwriaeth gwŷr o frodorion,

---

* *Gwdennog*: Wedi'u plethu neu gorddi *(twisted)*. *Myrierid*: perlau.

Eben Fardd

Dwrn swrth ar y deyrnas hon—roes Cesar,
Galedodd afar, ar ein gwlad-ddefion!*

Hyd hyn o'n hanes, yn ein tŷ'n hunain,
Am hir adeg, yr oeddem ym Mhrydain;
Ni b'ai ymwelwr o wyneb milain,
Neu edn niweidiol daenai ei adain,
I ddwyn diowryd o Dde na Dwyrain,
Hyd yr awr rhwyfodd dewr Eryr Rhufain,
A'i oslef trwy'n hynyslain—yn cyrraedd,
Yn eres grochwaedd, gan oer ysgrechain!

Dyna drin wnâi'n dwyn dan dreth,
A dirdra, godai ardreth
Echrys ar ein Hynys hon,
I Gesariaid go surion!
A'u llengoedd mal llu angau,
Oddi fewn yn ymddofhâu;
Cestyll, gwersyll, a garsiwn,
Yn taeru hawl i'n tir hwn!
A'i holl hyd, i gyd o'i gwr,
A'i holl led gan Allwleidiwr:
Gwnaed ni yn dlawd Giwdawd gaeth,
Heb enw o annibyniaeth;—
Ys taenodd Suetoniaid,
Dros ein bro, Drawsion! heb raid;
Gwyr celyd Agricola,
Gaseion dig, ysai'n da;†
Nes ein dwyn yn weision dof,

---

* *Albion:* Enw o darddiad Groegaidd am Ynys Prydain.
Ciwdawd: pobl. *Afar:* galar, tristwch. *Defion:* hawliau, iawnderau.
† *Suetoniaid:* Llwyth y Suebi, yn yr Almaen: cyfeiriad at Saeson yn y bôn. *Caseion:* gelynion. *Agricola:* Rhufeinwr fu'n lywodraethwr ar Brydain; ef a goncrodd yr ardal a elwir Cymru heddiw.

Brwydr Maes Bosworth

A thyngu'n nerth i angof;
Dinerth yr aethom danynt
Am ganrif ar ganrif gynt!

Yn nyddiau'r aflonyddwch,
A ni yn llawn yn y llwch,
Yn gorfod, mewn gweddwdod gwâr,
Rhoi cusan oer i Cesar,
Hen Dderwydd, canmlwydd, mewn coed,—a gofiai
    Ar gyfer ei faboed,
  Gan honni, er gwŷn henoed,
  Y drefn ddeuai eto ar droed.
  Dan dewfrig yn y wig werdd,
  Dan gangau rhyw edn-gyngerdd
  Oedd, o reddf, mewn dof leddfau
  Galar rhydd, yn eglurháu
  Cwymp Prydain! a'u sain a'u si
  Hynaws, yn ei ddihoeni;
  O'r fan hon, ar fin einioes,
  I'w brid wlad y brudiai loes,*
  Poen drom, ond yn y pen draw
  Y diwedd yn blodeuaw;
  Dyma ei Frud am ei fro,
  Trwy niwlen, tra yn wylo!—
  "Dyn dybiai, ddod ein diben,
  Hoedl bach ein cenedl, i ben;
  Nid felly!—hi dyf allan,
  I enw mawr, yn y man;
  Er fod, yn awr, ar glawr gwlad
  Drwst ing ei darostyngiad,
  Ie, 'i sut ddaw'n is eto,
  Ond o'i dwfn ing, dring ryw dro.

---

* Brud/Brutio: Proffwydo; Brud: yr hyn a broffwydir.
C.f. *Brut y Brenhinedd, Brut y Tywysogion*.

Eben Fardd

    Syrth hirnos ar ei theyrnedd,
    A syfl ei brenhinol sedd;
    Cyll ei nwyf, ac i'w lle naid
    Rhestr anwir o estroniaid.

    Ei gwddf teg a oddef tan—iau'r Eryr,
        O!'r oeri wna'i hanian!
    Anadl wyw y genedl wan
    Ddihoena ynddi'i hunan!

Wedi mesur ei gofid am oesoedd,
O dan estroniaid dawnus eu trinoedd,
Wedi'r blin oddef drwy y blynyddoedd,
Diluw o aerwyr ddeuant, laweroedd;
Cry' rym an-eiddil cewri'r mynyddoedd,
O wyllt ymylau'n tywallt eu miloedd
Ar Ddinas y Dinasoedd,—i'w chwympo
Ac i'w throedio, am draha'i gweithredoedd!

    Yn nhrofa'r farn, ar fyr, fyr,
    I'w ororau, â'r Eryr,
    A thasga'i anferth esgyll,
    Ar hwrdd o gyflymder hyll!

Awyr Prydain fydd yn darstain,
Trwy ei lefain tra wylofus;
Gedy dalaith ein brodoriaeth,
Fal ysglyfaeth afles, glwyfus.

Er arwain draw yr Eryr,
A'i waedd, o gyrraedd ein gwŷr;
Oes drahaus a thost, er hyn,
Arddelwaf i hir ddilyn;
Y genedl, daroganir,
Gyst ddyheu dan gystudd hir;

Gorthrwm a glwm, am ein gwlad
Wrysgenni goresgyniad;
A llwythau eraill weithion
Treisiant hi tros ewyn ton!

Anwariaid a'u banerwyr,—anrhreithiant
    Yn rhith cynorthwywyr;
Trwy linach ein teyrnach tyr
Al estronol ystrinwyr!

Heidia'r marwol Dramoriaid,—i'n Hynys,
    Yn hanner gwallgofiaid,
Hi ddaw i boen, a'i hedd baid
Ym mhenbleth y drom ymblaid!

Sorrir y Llyw, sarheir Llys
Cynhwynol mainc ein hynys;
Bydd enw mainc, byddin, a mur,
Boenydiol i benadur:
Sefydlir gorsaf waedlyd
Llid a'i hawl, trwy'i lled a'i hyd;
Try'n godwm i'n teyrngadair
Hon a gyll ei henwog air;
Ac o gostrel coeg estron,
Yfir rheg ar y fro hon!
Wenwyna'i hawl gynhennid,
Wnâi llyw, un llaw, yn llawn llid,
Ar y llaw arall, gwall gwaeth
A ddryga 'i rhydd wriogaeth!"
Prydain a wêl gwymp brodyr,
Ar y maes gwaed, gormes gwŷr;
Cyll ei thraed!—a'i gwaed ar ei gwedd,
Ymwyra mwy i orwedd!

Eben Fardd

Ond gwelaf draw y daw yn y diwedd,
Fal gwyrth arni, ryw flagur o'i theyrnedd,
O gyff y genedl—fe gaiff ogonedd,
Bywheir yn ei enw hawl ein brenhinedd,
Penwn a baner impyn o'n bonedd
Yn awr a chwifia yn yr uchafedd,
Yng ngwên nwyfus Tangnefedd,—cân Prydain
Hynod arwyrain* wedi hir orwedd!"

   Hyn oedd air yr hen Dderwydd,
   A'i Frud, cyn symud o'i swydd;
   Rhy faith ei araith i'w oed,
   Blinai ei anabl henoed;
A phan y llawn orffennodd,—yn y fan
     Efe a ymliwiodd,
   A buan draw ei ben drodd,
   Yn hen, hen; yno hunodd!

   Pur ffodus y proffwydai,
   Ein diwrnod niwl, dirnad wnâi;
   Dynesiad y wae nosol,
   A hardd wawr hedd, ar ei hôl.—
   Bu'r tonnog chwŷl Brutanaidd,
   Yr un ffunud â'r Brud, braidd;
Oblegid pan oblygwyd pennwn—Rhwyf
     Rhufain ym mro'r Brutwn,
   Ymwelodd llawer miliwn
   O wŷr trahaus â'r tir hwn.

   Prydain orfu gael llu llog
   Rhag aerwyr Brithwyr brathog;
Ys, i'w gwasanaeth Sacsoniaid—huriodd
     I herio'r dieithriaid;

---

* *Arwyrain:* codiad, esgyniad.

Yn rhith dod i'n plith, o'n plaid,
Anras trais wnâi'r estrysiaid.—
Hurio Sais fu yn arw siom
Drud ernes, o'i draed arnom!
Hwt! Ei lawdrwm, frwnt ladrad,
Dau annheg liw, dwyn ein gwlad!

Wedi hyn, deuai i hawl
Normaniaid—yn rym unawl
A'r Saeson—a'u meibion maeth
Yn honni ein Brenhiniaeth!
Dwyblaid yn un grym deublyg,
Yn amlhau i'n dal ymhlŷg;—
O'n gwlad fras a'n dinas deg
Y'n hwtiwyd, heb un ateg;[*]
Ag esgid nerth gwasgwyd ni
Ar waered i Eryri;
Talgreig Cymru fu y fan
I ni oll o hyn allan:

Anorfod oeddem yn nhwrf y dyddiau,
Dan unfôn nodded ein hen fynyddau :
Yno daliasem ein hanadl, oesau,
Yn curo y gelyn o'n creig-waliau,
Oni bai i Iorwerth hebu ei eiriau,
Nes y trawodd ni â'i ystrywiau;
A'i Dywysog di-eisiau—fe'n twyllodd,
A dir wanychodd ein hen deyrnachau![†]

---

[*] *Hwtio:* gwawdio. *Ateg:* ataliad, cyfyngiad (*restraint*).
[†] *Iorwerth:* y Brenin Seisnig Edward I; cyfeirir yma at y traddodiad ynghylch dechrau'r arfer o enwi aer Brenhinoedd Lloegr yn Dywysog Cymru.

Rhyw fyd terfysglyd a fu,
A phoen wedyn yn ffynnu;
Hen ddant yn dwyn rhyw hin ddu
A didoliad i deulu;
Rhyw seml wŷn a droes aml waith
Ddau deulu yn ddwy dalaith;
Neu ddau frawd yn ddwy Frydain!
Oll yn ddrwg, a llawn o ddrain!
A'r hen ddrwg droai'n ddreigiau
I annog nwyd i'n gwanhau;
Hen gas a arddai'n gwysi
Ein gwŷr nôd a'n gwerin ni!
O had-gwysi dygasedd,
Cnwd gwlad ydoedd cnawd i gledd!
A chenedl wrth genedl gynt,
Trwy angau'r cledd y trengynt!

Yn flin i bawb fel hyn bu
Term oesoedd at ormesu;
Odid oes—o daid i dad,
Heb rifres sobr o afrad;
Gnawd i boen ddygn a di-baid
Ddeillio oddi wrth rudd wylliaid,
A grwydrent mewn gwrhydri,
A'u dwrn brad i daro'n bri.
A gwedd aethus goddeithiwyd
Ein trefi nawdd, trwy fwy nwyd
O ddial di-faddeuant
Yn un â chwydd hunan chwant!
Ein Bonedd a'n Hunbennaeth
Rhwng amryw weilch, yn deilch daeth!
    Hwn â darn o'r hen Deyrnas
      Ai'n dreisiwr, o gyflwr gwas;
      Y llall â darn, ellyll du!
      Ar ei draws yn rhodresu;

Ac Aerod teg y Goron,
Cyfiawn feib o'r cyfan fôn,
O'u gorsedd yn y gwersyll,
Hawl-yn-hawl â'u hâlon hyll!

Anrhaith resennog yn rhith Rhosynnau,
Ar fyrdd o bleidwyr, fwriodd ei blodau,
Yn nhaenfa sawyr y cynnen-fwysïau,
Gwnâi eu dylanwad i genedl-wŷniau
Waedu ein hynys a duo ein henwau;
Gwaed byw raeadrodd, oblegid brwydrau
Hydra galanas â'i neidr-golynnau!
Anferth ydoedd ei gwenwyn-frathiadau!
A Phrydain yng nghyffroadau—y pryd
Hyderai yn iechyd hen Deyrnâchau.

Meddyliodd fod modd i alw
Teyrn i'r wlad, drinai ar lw
Ei llywodraeth helaeth hi,
Yn ddyddiwr a nawdd iddi;
Hwn oedd deyrn na wyddid am
Un mad enw mwy di-nam,
O edryd ymerodron,
Addurn sedd yr ynys hon,
Rismwnt* wnâi arwr esmwyth,
Yn llyw ar Prydain a'i llwyth;
O'i ddod i'w sedd, hi daw sôn
Am ei *Rhôs* a'i hymryson.

Duw o'i dosturi hefyd ystyriodd
Lidiog "Rosynnau'r" wlad, a gresynodd!
Neud y "Ddau Rosyn" a ddad-ddyrysodd,
Yn nodd gem-wlithin y ddau gymhlethodd,

---

* *Rismwnt: Saes.* Richmond;

Eu dail gŵyr-drawsion, dialgar, drwsiodd—
Yr hedd ddilynai a arwydd-luniodd;
O'i Benarglwyddiaeth, buan ryglyddod
I roi ymwared;—i'w air ymŵyrodd
Y dial-hyrddiau;—nid ail waharddodd,
Nad, wele! 'n weddus, y nwyd lonyddodd,
A moddion ni omeddodd—i'n Hynys,
Tra gwaedai dinistr i'w gadw danodd.

    Ryw ail wawr a leuerai
    Yn glir ar ein tir a'n tai
    O'r prudd ochain, Angel Prydain,
    Fawr ei adain, fry ehedodd;
    A chyn gynted â'r chwai luched,
    Ef i waered a gyfeiriodd,
    Gan y porthor yn nôr Nef
    Y di-ingnaws Rôs-dangnef,
    Dderbyniai'n rhodd arbennig,
    Rhosyn Duw, er swyno dig;
    A thrwsiad y pleth-rosyn
    Oedd fal ei foch—goch a gwyn;
    Prydwedd dyfodol Prydain,
    Yn ardd rôs heb unrhyw ddrain!

Pwy wisg y Rhosyn gwyngoch?

Cymro da, o waed cyfa' coch!

Sibrwd lw ysbryd y wlad
Deg fwriai gydgyfeiriad
At Harri, yn anturus,
Yn deyrn da'i radd-dwrn di-rus,
I wisgo'r Rhosyn gwyngoch,
Droai'n dawel ryfel roch.

Anogasant negesaeth,
Sul a gwyl, o dan sêl gaeth;
Gwŷr o fri â gwladgar fron,
Freiniwyd i ddwyn cyfrinion
I Armorig, drum eurwawr,
Rhwng Harri a ni, yn awr:

Mawr fael oedd caffael Kyffin,
Wr hael, i goledd y rhin;
Dyn doeth oedd y "Deon Du"!
Wyddai ateb o'r ddeutu;
Eon oedd y "Deon Du,"
Wrth raid, i bur weithredu;
O'i fain Fad nid ofnai fôr,
Wrth ddwyn gair rhaith ein goror,
I gyrraedd yr agoriad
A drinai glo dôr ein gwlad;
I Henry'n deilwng anrheg,
Etifedd ein teyrnedd teg.

Y cennad gwych, Hugh Conwy,
Yn loyw ei drefn, elai drwy
Gysswynion ein gwasanaeth,
Gan eu trin yn gyfrin gaeth,
Hyd ddyfodiad addfedol
Awr a rhaith agor y rhôl:
Olwyn mewn olwyn elai,
O bin i bin, heb un bai,
A dirwynent i'r Ynys,
Ar air llw, wir ŵr ei llys.

Ond Buckingham roes gam gŵyr,
Bras iawn a byr o synnwyr;
Rhy denau'r gwaed Prydeiniawl
Oedd ganddo i eilio'i hawl;

Eben Fardd

Rhy fuan yr âi 'i feiwyr
Dros hawl eu gwlad, i gad gwŷr:
O! Buckingham, a'i gam gyrch,
Tra siomgar troes ei ymgyrch!
Anffodus yn ei ffwdan
Gyda'i lu, fu yn y fan:
Ni wypai fyned nepell
Na phrofodd fin rhyw hin hell;
Nef drodd, gwaharddodd ei hynt,
A'i dilyw oedai'i helynt;
Hawdd y daliodd o'i dwylaw,
Mal llestr, ryw gwmwl o'i llaw,
Tywalltodd ef hyd holltau
Cerigog ben creigiog bau,
I fyned yn afonydd
O genllif a rhedlif rhydd,
A'i lanw ar frys lynnai'r fro,
O'r corneint, er cau arno!
Och! Hafren! Trech na chyfraith
Oedd ei dŵr, i luddio'i daith:
Dull o awgrym nad Lloegrwr
Fyddai flaenaf, gyntaf gŵr;
Cymro, mal cynt, yr hynt hon
A drigai yn Bendragon.

Wb! Weobley a ddiboblodd
Buckingham, a pham, pan ffodd
Croesodd i grafanc Rhisiart,
A theimlodd gur ei ddur ddart!

Ond, Risiart! na rodresa!
Elyn hedd, na lawenha!
Fe dyr y rhwysg—fe dry'r rhod,
Mwynha d'ofwy—mae'n dyfod!
Gwae di, daeog! Daw dial,

Brwydr Maes Bosworth

A myn Rhys "y maen i'r wal!"
Mesur hawl y mae Syr Rhys,
I'r Aer iawn ar yr Ynys—
Mesurir maes i Harri,
Eang, teg—ond ing i ti!
Ai argoel drwg rhyw ddirgel drefn,
Yn swcro ymgais y "Crwmgefn,"
Oedd dryglam Buckingham? Ho!
Na, digwyddiad, gwae iddo!
Wnâi ennyn tân o wŷniau,
I ysu'i fron a'i oes frau,
I droi'i arswyd o'r orsedd,
A'i erwin fyddin i fedd!

Coel iach, yn hytrach, oedd hyn
I ddarbod nawdd i'w erbyn!
I rybuddio tair byddin
I uno'u tras mewn un trin,
Er mysgu dan rwym-wasgiad,
Wridog lu! i wared gwlad
O afael teyrn anghyfiawn,
A'i throi'n ôl i'w theyrn iawn;
Yn aerfa fawr anorfod
Gurai falch, lle gorau'i fod.
Gweiddi "Her!" a gwa'wdd Harri,
A'u habl nerth, wnâi ein pobl ni—
"O tyred, tyred Harri!
Dyweddïa, a nodda ni!"

Syr Rhys ap Thomas lyfasodd—roi 'i air,
   A Harri a'i credodd,
Hyd o Lydaw dyludodd,
A phryd trin, i Filffwrd trodd.
A'i rym aer o Armorig,
Yn ddiencil, ddwy fil ddig.

Eben Fardd

Caed yno Rismwnt a'r Hwntw,
Law yn llaw, do, lw yn llw;
Gloywddur Aberdaugleddyf
Wnâi'r ddau gawr yn awr yn hŷf:
Ap Tudur, yn bur i'w bau,
Ar hyn agorai'i enau—
Areithiai'n gall wrth ein gwŷr,
Diofrydai'i gyd-frodyr,
I resu'n erbyn Risiard,
A rhoi gwth i'w wŷr o Gard;
Nes cyrraedd Ynys Cawri,
A'i hawl yn ôl i'n hîl ni.

Ymgrymai, gwenai y gŵr,
A dyma'i eiriau, dwym arwr:—
"Os Fi 'n wir sy' i fwynhau
Y Goron—heblaw geiriau
A gwag sŵn—profwn mewn pryd—
Dyma 'mwa a 'mywyd!
At ornest hawl teyrnas deg
Fy nheidiau—hon fo'n hadeg!
A chwithau—profwch weithion
Nad sur frad a ysai'r fron,
Ond rhin gorau teyrngariad,
I alw i'w le lyw y wlad.
Yn erbyn malais trais trwch,
Tarian gwŷr yw teyrngarwch;
Teyrngarwch at 'rhen Goron,
A'r iawn Aer i arwain hon:
Baich y brad a'r toriad hwn
At Rhisiart ni a'i troswn;
Dyna'r gŵr—Bradwr Brydain!
Coll fydd, gan ein picell fain!
Llueddwn â'n llaw iddo—
O'i lurig falch, lawr ag 'fo!

    Chwimrwydd, a *'Duw a Cymru'*,
    Adwaenent oll, ddydd o'n tu!"

Ar y gair huawdl, O!'r gorhoian—fu,
Diatal lamu hyd at ei luman!
Gan sŵn aml benwn ban—siffrwdiadau
Hyd y bryniau'n dadebru anian!
Ymwibiai myrdd ym mhob man—i weld brys
Cymry, o 'wyllys, yn camrio allan.

Ein Hesgob, yno'n wisgi—agorai
    Y Gair, i'w cynghori—
    Eiddunai nawdd Iôn i ni,
    Bendith Dduw, sef Duw Dewi.

"Y Ddraig Goch roddai'r cychwyn,"
Hŷf weilch dewr fu'n falch o'i dwyn;
Morwriai fel mawr arwydd,
Neu eilun chwai lawn o chŵydd;
Siffrwd drwy ffrwd awyr ffraw,
Drwy uchafion derch chwyfiaw!
Gan chwarae yn nhonnau nen,
Ei phrawf hŷf drwy'r ffurfafen;
Dig lacio ac ad-glecian
Drwy sybwb mawr, dros bob man!
Nes troi'r fro yn gyffro gwyllt
O wrhydri rhaeadr-wyllt.

Ymweithient tua'r 'Mwythig,
A'u hanadl dewr yn dal dig;
A'u llun a'u gwedd, yn llawn gwŷr—
Galonnog, fywiog feiwyr!
Ac o'u blaen, yn gwbl unol,
Syr Rhys, heb un gwas ar ôl,
Siaspar, a'r T'wysog Harri—
Ba ŵr traws wynebai 'r tri?

Diogel ar "Gefn Digoll,"
　I ddant aer, llueddynt oll;
Perrott, a Wogan, a'r Morganiaid—dewr
　　Tyrrent gyda'u cyd-blaid;
　　I ffurfio pleth-ffyrfhau plaid
　　Ddialai ar gau ddeiliaid.

Bronnau duon "Brain" y Deau—oeddynt
　　Eiddig ar fanerau;
　A "Llewod" o bob lliwiau
　Yn ngherrynt y gwynt yn gwau!—
　A llewod o bob lliwiau,
　Di ffug, wedi dod o'u ffau!

　Ap Gruffydd deg, ddi-freg fron,
　Lywiai dorfoedd gwlad Arfon!
A swyn mawrhydi Sion Amhredydd,
Alwai i fynnu lu Eifionydd—
Hwy aent, yn llewod dan eu llywydd,
I gad y gelyn gyda'i gilydd.
　Dichwith oedd Rhys Bodychen,
　Yno'n bur ar Fôn yn ben;
　Gŵr Mostyn, mewn grymuster,
　A phlant ei bau o Fflint bêr;
　A Rhys Fawr, yn gawr a gaf,
　I awchu y Wlad Uchaf;
　Sêl brëyr y Salbraid
　Oedd i'n plith—yn nawdd i'n plaid;
Pob enw mawr, pawb yn eu min—ddisgleirent
A dilwfr oeddynt ar dal y Freiddin,
　A pha Loegyr na phlygai,
　Dan gedyrn mor chwyrn a chwai!
　Pa ŵr dreng ddarparai drin,
　Fyth i feiddio'r fath fyddin!—
　I Richmond, mewn gwir ffyddlondeb

A'i ryfel, yn awr, o flaen neb;
Rhoddai Corbed grêd ddi-gryn,
A'i gein-lu yn ei ganlyn;
A Thalbot, pan ddaeth helbul,
Blaidd blwng, oedd mewn cyfwng cul;
Yntau yn awr, o'n tu ni,
A'i ddwy fil oedd i'w foli.

Coedmor, hys!—cydmar Rhisiart,
Ffei! ei ddi-bwyll, ffiaidd bart!

Ymlaen aent, gan amlhau'u nerth,
Ym mhob cwm ceid meib cymorth
Yn rhuddin o fyddin ferth,
Hwy bwysent tua Bosworth.

Hwn yw'r maes, lle'r henwir mwy
Frydain yn adferadwy.
Gwŷr Cymru, un tu'n llawn tân,
O rin ynni'r iawn anian;
Mal callestr yn eu rhestrau,
Gwae! y Syr faidd agosáu
I'w taro â dur!—tery dân
I'w fynwes hyf ei hunan!
A'i difa'n llwyr fel dafn llaith
Ar frigyn glir foregwaith!
O'r tu arall, traeturiaid
Ffurfient finfin eu blin blaid;
A Rhisiart oedd eu rhyswr
Abl un o fil, blaenaf ŵr;
Ag ael hagr, gilwgus,
Ar guwch y Ddraig Goch ddi-rus
Tremiai mewn dirmyg tramawr—
Yn goeg-amheus, mewn gwg mawr;
Bradog oedd ei sibrydion

A'i sisial dwys, isel dôn—
Sŵn trahaus o natur her,
O dordyn lid a dewrder,
Ynghyd ag ias o gas gur
At edyn nerthol Tudur.

Trwy'r drem, torrai ar ei draws,
I dyngu'n groch, a dangaws
Enyniad ei flin wyniau,
Hydri gwyllt ei hyder gau!
Ac ebe' fe, yn y fan,
O gynnwrf ei ddrwg anian:—

"Am eu 'Draig,' mae darogan
Y baidd wneud y 'Baedd' yn wan!
Ond, myn Sant Sior! Byddaf bôr byw,
Heinyf, rhydd, neu farw heddiw!"

Gan barodrwydd gwŷniau brwydrol—iasau
   O ysiant ymladdol
  Anadl eiddig dialeddol,
  Y ddwy fyddin ar wedd feiddiol,
  A gyfeirient olwg farwol,
  Un at arall, yn naturiol;
A diflin gad, flaen ac ôl—ar ddechrau
  Ing-waeau angheuol!
Rhagluniaeth, ar baladr goleuni—têr,
   Hwnt, oedd yn penodi
  Rhesau treiswyr i astrusi,
  A hwyl hyrwydd i lu Harri,
  I ail ennill yn ôl inni,
  Ein tir annwyl a'n tirioni;
A brwydr er adfer eu bri—ydoedd hon,
  I'n Brython bur wythi.

Brwydr Maes Bosworth

Gerwin wŷs anwar yr utgorn seiniai!
A thwrw arwrol uthr ôr-awriai,
Trwy'r awyr uchod, hir yr her-wawchiai—
A sŵn, hyd adref, hyson a di-drai,
O bwyntiau wybyr, a'i ban atebai,
Hedd-luest Anian a ddolysteiniai!
Mal ar wirodydd, y milwr wridai,
Ei ysbryd enwyllt a'i asbri daniai,
A gwŷn arf a gynhyrfai—dechrau wnaeth
Mawr rôch aerwriaeth, a'r march weryrai!

O!'r rhengoedd!—ein tynged rhyngddynt hongia!

Syr Rhys ap Domos yr ysbaid yma
Dasgai ei filwyr, ac nid ysgafala,
Ond tynn i'r byw oedd tynwyr y bwa—
Tynnent am goron Britannia—cystal
Ar awr y treial ag arwyr Troea!

Y gwŷr o saethyddion gwarsyth oeddynt,
A bywyd-annel y bŵa dynnynt,
A thaflai cewri saethau fel corwynt,
Yn haenau dallol, y nen dywyllynt!
Yn do arswydus hwy draws ehedynt,
A thrwy dariannau, aruthr drywenynt,
Ein tras, o gwmpas a gwympynt!—ond mwy
O âch Afarwy i'r llwch a fwrynt.

    A phoethach, boethach, y bu
    Neges wythig y saethu;
    Saeth ar ôl saeth gyda si
    Echrysol fylchiai'r rhesi!
    Ac Angau yn rhygyngol
    Rodiana, i hela 'i hawl;
    Gan hadl anadl ei enau,

Eben Fardd

Lliaws a geid yn llesgau;
Aml arwr mwy a loriwyd!
Wele, i fedd wala o fwyd!
Gweld gwaed, galedai gedyrn
At dwrw a chad dewr a chwyrn,
Can archoll yn cynhyrchu
Aidd i ladd, yn y ddau lu!
Gyda hyn, Rhisiard, a'r gad yn wresog—
Bwa ergydion yn bur gawodog—
Ei ddu ochr yno ddechreuai annog,
A'i milain wasgu ymlaen i ysgog;
Ac yntau 'i hunan fal eigion tonnog,
Treiglai 'i wŷniau i'r antur galonnog:
Hyn a argoelai Henry wagelog,
A pharotoai i'r cyffro taeog,
Efo'i fyddin fyw-feiddiog—ni syflai
Ac ni ddôrai ei elyn cynddeiriog!

Pwys y rhuthr oedd aruthrol—ac hedfa
   Y cadfeirch llamsachol,
  Yn hyrddiau anwaharddiol-
  Antur i neb eu troi'n ôl.

Marchogion ym-mroch agwedd—ellyllon
   Cyllellog brad-rysedd;
  Diangai clust o dinc cledd,
  Hydri gwŷr di drugaredd!

Ow! Brandon! wrth ffon praff Faner—Prydain,
   Prid oedd ei ëonder;
  Llumanydd i'r lle mynner,
  Noddwr hŷf, na ddorrai her.

Ar ei luman, carlamu—wnaeth Rhisiart!
    A throes i'w drywanu,
  Mab y fall, a'i fwyall fu,
  Wrth-arwr i'w ferthyru!

Ond trwy y fintai troeai y fantol;
Y brwd, hyderus, bur-waed Tudurol
Ferwai wythiennau'r Fyddin Frythonol,
Henry orfyddai yr honnwr arfeiddiol,
A bwriai adref yr ynni brwydrol
Yn erchyll föryn, a rhoch llifeiriol
O hyll adladdiad, hallt, dialeddol,
Ar fronnau anwir y Dorf Frenhinol!
Dyna nawf y don yn ôl—yn ffodus.
Troi wnâi'n warthus y teyrn yn ei wrthol.

Mae ffawd ac anffawd wrth gynffon-cadfarch
    Cyhydfwng a digllon;
  Rhy arwydd â'i weryron,
  Lle ffynno honno neu hon.
  At Harri ffel troai ffawd
  Unffurf, at Risiart anffawd.

Ap Tudur oedd yn curo—a rhesau
    Risiart yn teneuo!
  A chledd Siaspar yn taro,
  Ddiwrnod trin, ddau ar un tro!

I ddial teryll ni ddaliai tarian,
Troi wnâi rhengoedd y teyrn i ryw hongian,
Ac ar eu gogwydd, gwyro a gwegian-
Yn wyneb eu hamharch yn bwhwman,
Ffroeni, a gwynnu, mewn ffyrnig anian—
Cnoi gwefl, o ofid, gan y gyflafan;

Rhusai'r tro Rhisiart, druan! dip neu ddau,
A'i eiddig aeliau mal rhyw ddwy geulan!
Ond O! ei ddewredd!—nid oedd a'i hoerai.
Na dyn na diafol, na dawn a'i dofai!
Golygon y "Ddraig" ail-gynddeiriogai
Ei galon ddiriaid, gelyn ni ddorrai;
Ei luon agwrdd a ail anogai,
Cyd-wydneiddiwch mewn cad, adnewyddai;
I'w holaf antur hwyliai ei fintai-
Tewder ei osgordd ar Tudur wasgai—
Yn "fôr o chwys" ei farch chwai—i'r cyrch
hwn, Yn ysbryd annwn, a ysbardunai
Trwy y canol, mal y Twrc ei hunan
Ar annel bywiog ei garnol buan,
Ymgeisiai at redeg, megis trydan,
Gopyn llammog! i gipio ein llumman!
A bwrw ar Harri, ein brëyr eirian,
Holl adwyth ynni melldith ei anian,
Nes, â throed dig, ei sathru tan—echrys
Wyniau ei 'wyllys o hynny allan!

Syr Siôn, oddiwrth fôn y fania—druan
    Darawyd i'r ddaear;
  Yn yr ergyd arwrgar,
  Is dwrn bwys gormesdeyrn bâr!

Taer gydiai, trwy y godwrdd—heb uno'n
    Yn ein Baner agwrdd!
  Ni chaffai prin ei chyffwrdd!-
  'Lawr â hi o'i law, ar hwrdd!

Ym myw yr adeg Rhys Amhredydd—ar air
    Harri, â'n Llummanydd—
  "Cymro fu—Cymro a fydd!"
  Benarwr a banerydd!

Nid Rhisiart a'i gyd-dreiswyr—llurigog
    Allai rwygo'n rhestr!
  Trwy'r gwrych-flew o ffynwewyr,
  Pa ofer gamp a fu'r gyr!

Llu Cymru nid mur llac, amrwd—ydoedd,
    Ddatodai ar hergwd,
  Nid cleiach brau, ond calch brwd,
  Dinas aer nad âi'n swrwd.

  Crymu wnaeth "y Crwm" yn ôl,
  Er ei yrriad arwrol;
  A'i farch-lu'n ymdaflu'n dost,
  Dratheryll, drythyll drathost:
  Pob cadfarch yn tywarchu—
  Torri y llawr trwy y llu;
  A'r gwaywffyn yn rhwygo'u ffordd
  Rhyfel-dwrf a mawr faldordd,
  Mewn dewr-stŵr trwm, yn darstain,
  Rhwyfog lu! Eu harfau glain;
  Gan rincian yn yr encil,
  O ddig cas, eu dannedd cil;
  A'u llurig, fal croen llawryudd,
  Yn wrid trwch o orwaed rhudd!
  Neidiai gwaed hyd egwydydd
  Pob cadfarch a rhedfarch rhydd,
  Tra'n wasarn i'w trwm garniad,
  Gyrff gwŷr, cymrodyr ym mrad!

  Stanley, i'r cymhelri mawr,
  Dynesai yn wydn aesawr;
  Hwyr o'i dwll rhodiai allan,
  A'i gad-dorf fig tua'r fan;
  Edrychodd pwy wnâi drechu,

Eben Fardd

Cyn ceisio taro un tu;
Ofnai falais trais trwm
Eofngryf lid y "Cefngrwm."

I Rhisiart eisoes rhoesai
Ei fab yn wystl—ef be wnâi?
Os troi wnâi yn yr ystrin
Nerth bron yng ngwrth y Brenin,
Collai ei fab!—ond call a fu,
Hir-oedodd i'w waredu.

Er hynny, mae rhyw anair
O gas liw, ac isel air,
I'r tro hwn—rhyw watwar oedd,
Drwg ehud—gyda'r Cyhoedd;
Bloedd Rhyddid Gwlad brid Brydain,
Ro'i wŷs i'w gleddyf o'r wain,
A dylasai gwlad-lesiant
Y bobl oll, heibio i'w blant,
Ei yrru 'mlaen yn arab
Dros y myrdd—Duw dros y Mab!
Y Genedl ar ei gwyneb,
Hawlia'n uwch na Theulu neb;
Gnawd i arwr gwên-dirion
Aberthu teulu at hon;
Trawsedd i ŵr betruso,
Os gwêl frad yn siglo'i fro!
I Dd'ledog mae'n ddyladwy,
O gefn ei farch, gofio'n fwy
Am ei Wlad, nag am ei les
Ei hun, neu fun ei fynwes;
Ie, yn nalfa annwylfab,
Naw mwy yw Cenedl na Mab.

Ond pa fai, os teimlai Tad?
Di-ymliw gyd-ymdeimlad
Haeddai gael; ond eiddig y'm,
A drwg iawn ei dro gennym,
Yn dywystlo mab destlus
Erioed, i lofrudd di-rus!
Nacasai Rhys wancus raib
Ffrom feistr, i offrwm ei Fab
A'i rwymo'n swrth, er mwyn saib,
Yngwystl gwir, fyth i'r fath âb,
Ah! Stanley! tynnaist don-loes
Dros dy dŷ, a dristâi d'oes!

Ar Rhisiart âi'n ddyryswch,
Fe welai dro'n rhyfel drwch;
Twr o chwyrn gedyrn ei gad
Yn fferru'n un corfforiad
O gelanedd gwael yno!
Ym maes eu brad, ormes bro!

A Stanley a'i estyn-lin
Atto, mwy, yn troi'r "tu min;"
A Siaspar ar wasgar wysg
Eu cefnau, dorfau'i derfysg.

Yn ei orddwy anarddun,
Tra yn synio ynddo'i hun,
Ar warchul effaith ei farchlu hyffordd,
A Siaspar yn ysgar rhan o'i osgordd,
A'i flaenwyr ffel, fil yn rhoi ffordd—yn chwai,
Gerwin gilwgai ar ein gwelygordd.

Ac at ei bencapteniaid—y melltia
    Ryw ymwylltiol amnaid,
  Gan floeddio, "Chwyr ruthro raid,
  At Harri, pen traeturiaid!

Dewis nawr nid oes i ni—ond, nodwch,
    Di-eneiddio Harri
Her i'w meib—Harri a mi
Ymdynnwn mwy amdani!

Boed lym—boed gyflym eich gyrr,
A phawb yn chwim a phybyr;
Canlynwch—eilfyddwch fi!
Dwrn Coron wna dranc Harri!

Myn Sant Siôr, mi a'i lloriaf!
Y funud yw i fyned—Af!"

Ym mroch y gair, y march gwyn
Ymneidiai mewn munudyn—
Hwnt â Rhisiart a'i ryswyr,
O greulon ŵg, ar lawn yrr,
Yn drinwyr diarynnaig,
O dan ddrud edyn "y Ddraig!"
Marc gem-res melwyr Cymru
A llawr canolbwynt ein llu.

At Richmond mewn ëonder,
Pwysai'i ddigllon wayw ffon ffér;
Yn hynny deuai'n hoenwych
Syr Rhys ap Thomas, "gwas gwych!"
Fe wnâi at fod yn fin at fin,
Gyfer-wyneb â'r gau-frenin;
Arwrol oedd gweryriad
A mawr wawch certh eu meirch cad!
Dau farchog mewn hyrddiog hynt—
Pin teyrnas pwyntiai arnynt!

Bu galed y bygylu
A'r hyrddio dewr, o'r ddau du;

Ni ddorrai y ddau wron
Unrhyw ffurf wnâi'r waywffòn!
A theflynt o'u gwrthaflau
Ddyrnod am ddyrnod, y ddau;
Nes i Syr Rhys, aswy'r hwrdd!
Gynddeiriogi'n ddewr agwrdd,
Ac â'i fraich fraisg a'i frôch fryd,
Daro'i fwyallt drwy'i fywyd!

Ar ddyrnod mor ddiwyrni—
I lawr ag ef, mal rhyw gi!

A hi yn brynhawn, pen y Brenhinwyr
Poerid i'w wyneb dan draed Prydeinwyr!
A llywydd du, bradog—lleiddiad y brodyr,
Felly obrwywyd trwy fwyallt brëyr;
Ei gorffyn euog rwygai'r ffyn-wewyr!
A phwy ofalai?—ffoai ei filwyr,
Gan lwfr redeg o ganol y frwydr;—
Gorhoenus ydoedd gawriau ein sawdwyr,
Daeth buddugoliaeth i'n gwŷr—uchelfri,
A'n "Draig" yn hoywi drwy eigion awyr!

Y goron hwyliwyd o goryn halog
Dienaid fradwr! dyn diofrydog!
I'w throi i Harri'n dalaith oreurog,
Mal yr aer teilwng—mal arwr talog,
Yrrai bwynt dial ar ben y taeog!
Uwch-raddol linell ach hir-ddolennog
A'i nodasai i fod yn Dywysog;
A'i hoedl yn hannu o edlin enwog
Yr Ynys, a'i choronog—Unbennaeth,
Drwy hen gadwraeth hawl deyrn-gadeiriog

Eben Fardd

O dŵr glân da Ragluniaeth,
I le'r gad Addoliad ddaeth;
A Heddwch, un llaw iddi,
A Mawl hardd, i'w hymyl hi,
I fwrw llif o ofer llon
I hoewalau'r awelon
O ddifesur ddefosiwn,
Am rad Duw'r ymwared hwn;
A'n byddin, gyda gwin y gwynt,
Ehedlif gras anadlynt,
I 'mostwng ar y maes-dir,
Mewn fflwch ddiolchgarwch gwir,
I Frenin y Brenhinoedd,
Ddaeth a'r fuddugoliaeth g'oedd
O du Hen Gymru, fu'n goll
Trwy ystwrf trais diarfoll.

Harri Frenin gyda'i Fyddin,
Ar y ddeulin, Iôr addolent;
"Ti Dduw Folwn," mewn cyd-fyrdwn,
A'u gwlad-farwn, wiw glodforent.

Llywydd dwrn enillodd deyrnas,
Amlhâi i gred, ym mawl gras;
Amlhâi i gerdd mawl Gwir-Dduw,
Dogn y dydd oedd—"Digon Duw!"
Eu teyrnged hwynt, er ungwr,
Ga'i Duw, Hollalluog Dŵr!
Têr orchwyl patriarchaidd,
O rywiog rin Cymreig wraidd.

O gael y Fuddugoliaeth,
Nid oedd Cymru'n Gymru gaeth!
Brydain nid oedd wobr heidwyr,
Drawsiai i mewn dros y mur;

Neu gau deyrn euog a du,
O honni'i hunan yn hannu;
Ond dedwydd iawn dreftadaeth
Unben mwyn o'i meibion maeth,
Cain Etifedd cyntefig,
Yn nhwf ein bro-fôn a brig;
Pa ŵr, uwch pawb, mewn parch pur?
Pwy y Tad, ond Ap Tudur?

Bu llawer wyneb llewaidd—o Rufain,
    Ar ofwy milwraidd
Llym, i godi'n grym a'n gwraidd,
O'r tyner dir Brytannaidd,
A phlannu cyff o linach—yr Eryr
    Ar âr ein hen deyrn-âch;
Ond erioed Prydeinwyr iach
A fethrynt y gyfathrach!

Yn aml don, Saeson nesasant—ar chŵydd
    I orchuddio'n meddiant;
Ond essill hu gadwasant
Yn loyw i'n plith hawl ein plant.

Daniaid, Normaniaid, o'r minion—treisient
    Hir oesoedd ein coron;
Ond heb rith, meddiant Brython
Eto o hyd ydyw hon.

Rhyfedd ogonedd gwiw nef!—O! gwelwn,
    Yn galw pawb adref,
I hoenus droi'n Hynys Dref
O'i du ingni i dangnef.

Er holl alar, arwyl Llywelyn—trais
    Trwm "arglwyddi'r terfyn,"
Aer o waed Cymry wedyn
Rannai Naf yn Frenin yn'.

Os prid galondid Glyndŵr—a ballodd
    Heb wella ein cyflwr,
Harri gaed o deulu'r gŵr,
Ac Harri fu'n goncwerwr
Enillodd ef hen allu
A llonnwych hawl llinach hu,
I'n dwylo'n ôl, a dal wnaeth
Ein hannwyl hen Frenhiniaeth.

Llain Bosworth! Llyna'i bwysi—
Elwa'n ôl ein hawl i ni;
Aeth prid Unbennaeth Prydain,
I'r iawn le, ar hyn o lain;
O! Fosworth, ti wnei fiwsig!
Hoen di-drai ynot a drig!

Prydain Fawr, o dan wawr well,
O hyn allan âi'n well-well
Gwrthodai'r gorthoadol
Wedd trais, oedd eto ar ôl,
A dygai wawr diwygiad
I lanw ei le yn y wlad.
Y wawr dorrai'n wrid arab,
Ar wersyll pebyll y Pab;
Ac wele! y cywilydd
I'w wyneb ddaeth pan bu ddydd!
Mwy, ofer goel myfyr gau
Pobl dan enw "y Pabau,"
I faglu ein prif eglwys,
Gaffai'i ddal â dial dwys;

Y fin-ddu, rwym, drefn ddi-ras,
Byth daflwyd fel peth diflas!

Bri ar seremoni mwys,
Coeglyd, mewn gwlad ac eglwys,
O ystryw nwyf estronaidd
Rhith-ddenol an-Frythonaidd—
Hyn, weithion, a ddinoethwyd,
Tynnwyd Ffydd yn rhydd o'r rhwyd!
Rhith i gyd oedd ymborth gau
O fwydion hen ddefodau;
Eithr o lith Ysgrythur Lân,
Seigiau moethus gaem weithian.

A Derwen hen y deyrn hawl,
Ymgodai'n wrysg mygedawl,
I fawr agwedd tewfrigog,
Yn dwng grair uwch byd yn grog;
Derwen yr hen Duduriaid,
Ei bôn ffyrfhâi yn ddi-baid,
A'i cheinc aent mewn chwaon c'oedd
Yn bleth am bobl a ieithoedd;
Pleth llywodraeth plith lladron,
Cerddai'r gwrysg i'r ddaear gron,
Ac erbyn hyn o'i hanes,
Hi blan ym mhob man ei mes;
I'r wybr gyrr ei brig araul,
Hi saif rhwng gorsafau'r haul!
O'r "Eilir" hyd orielau
Haulfod glwys yr "Elfed" glau;
Epil llwythau pell weithion
Wasg ynghyd is cangau hon;
I'w bro hwynt tardd, ei braint hi,
Gwynt Rhyddid a gânt drwyddi;
O'i thwf îr, byth ddyferyd
Wna gwlith ei bendith i'r byd.

Eben Fardd

Ym Mosworth plannwyd mesen
Wnelai brif frenhinol bren!
A mesen oedd o'n maes ni,
O iawn ddâr ein hen dderi.

Felly, o Gymru mae'r gwaed!

Rhin eu hannwyl Frenhinwaed
A gerdd i sirioli'n gain
Wyneb wrid Banon Brydain!

O Gymro teg, mae'r gwaed da
Yn naturiaeth Victoria!

Gan hynny, ni gaewn hanes—Bosworth,
   A'n bys ar dant cynnes,
Eiddunwn i'n prif ddynes—mewn trwyadl
Ferw, o un anadl,d—"Byw Fo'r Freinhines!"
   Eiddunwn i'n prif ddynes,
Mewn trwyadl ferw o un anadl—
   "Byw Fo'r Frenhines!"

(1858)

Dychymyg

Wrth godi o'r gwely bore y 29 Rhagfyr 1858, ym mhrif ystafell heulog y llenor disglair a'r cyfaill diddan, Ellis Owen, Ysw, Cefnymeysydd

Moel y Gest yn ymyl gaf
Yn y gwydr, pan godaf;
A chorun hardd ei charn hi
Yn chwilgar uwch y weilgi;
Eglur Dŵr yn gwylio'r don,
Rhag i'w nawf rygnu Eifion:
Sai' yr haul i'w sirioli,
A ffy y niwl o'i phen hi:
Ac o'i bôn i'm gobennydd,
Llawr maenol pur swynol sydd;
Mae aml fryn a llyn ger llaw,
Coed tal yn ysgwyd dwylaw;
A thir-lain, a thai ar led
Ar gyrion rhiw a gwared;
Yn ymyl, rhwydd iawn i mi
Yw y ffordd fawr—ffwrdd â fi!
    Dyfalwch, os medrwch, mwy,
Y trum lle bûm yn tramwy;
Dyfalwch dŷ y folawd
Pan bydd gennych "synnwyr pen bawd."
I olrhain tal gwal gwely
Mewn palas llon ar fron fry;
Mae pant o dan gant y gell,
Neu Dwyn hapus—nid nepell:
    Oni fedrwch, gan fwydro,
Wneud allan pa fan yw fo,
Moesaf i chwi Gefnmeusydd
At roi y dehongliad rhydd:
Yma bûm;—ac yma bwyf,
Drwy 'mywyd, pan dramwywyf!

Emynau

Y Diwedd yn Nesáu

O ddydd i ddydd rwy'n gweled
　Y byd yn cilio draw;
Ffon ar ôl ffon fu'n cynnal,
　Yn colli o fy llaw;
Mi golla'n llwyr yn fuan,
　Bob peth a fedd y byd;
Nid oes ond Iesu'n unig
　Yn deilwng o fy mryd.

Wrth gofio fel mae 'nyddiau
　Yn mynd yn llai eu rhif,
A chefnfor tragwyddoldeb
　Yn taflu 'mlaen ei lif,
Mae'n gysur imi feddwl,
　Er gwaeled yw fy llun,
Fod fy Ngwaredwr grasol
　O hyd yn para'r un.

Wrth adael bryniau amser,
　A meddwl lawer awr,
Fy mod i braidd yn gweled
　Tir tragwyddoldeb mawr;
Fy meddwl sy'n llonyddu
　Ar wrthrych ddeil yr un,
Pan lynco tragwyddoldeb
　Holl amser iddo'i hun.

Mawredd Duw

Mae fy meddwl weithiau'n eang,
   Arglwydd Iôr, amdanat Ti;
Er fy mod y fath bechadur,
   Credaf braidd, y cedwi fi;
      Hollalluog!
      Hollalluog!
  Pwy all blymio'r Enw hwn.

Braidd ag ofni byddaf weithiau,
  Mai "gŵr caled" ydwyt Ti!
Ond fy nghalon a'm condemnia,
  Ac a'm try at Galfari:
      Nid "gŵr caled",
      Nid "gŵr caled",
  Roesai'i fywyd dros fy math!

Mi rof heibio'r meddwl bychan,
  Nid yw'n gymwys am fy Nuw;
Mawr ei enw, mawr ei weithred,
  Mawr ei ras a'i gariad yw;
      O! fy enaid,
      O! fy enaid,
  Pwysa ar ei fawredd Ef.

Crist yn Graig Ddisigl

O! Fy Iesu bendigedig,
  Unig gwmni f'enaid gwan;
Ym mhob adfyd a thrallodau,
  Dal fy ysbryd llesg i'r lan,
Tra y'm teflir yma ac acw,
  Ar anwadal donnau'r byd;
Cymorth rho i ddal fy ngafael
  Ynot Ti, sy'r un o hyd

Rhof fy nhroed y fan a fynnwyf,
  Ar sigledig bethau'r byd;
Ysgwyd mae y tir o danaf,
  Darnau'n cwympo'i lawr o hyd;
Ond os caf fy nhroed i sengi,
  Yn y dymestl fawr a'm chwyth,
Ar dragwyddol Graig yr Oesoedd,
  Dyna fan na sigla byth.

Pwyso'r bore ar fy nheulu,
  Colli rheiny y prynhawn!
Pwyso eilwaith ar gyfeillion,
  Hwythau'n colli'n fuan iawn;
Pwyso ar hawddfyd—hwnnw'n siglo,
  Profi'n fuan newid byd;
Pwyso ar Iesu—dyma gryfder
  Sydd yn dal i'r pwysau'i gyd!

Ofnau ac Amheuon

O! Mi wela'r gwynfyd nefol,
   Sydd yn 'nghadw draw i'r saint;
Ond yr wyf yn amau'n boenus,
   Oes i mi ryw hawl i'r fraint;
O! Mae'n hyfryd clywed hanes,
   Y dedwyddwch sy ger llaw,
Oni bai fod fy amheuon,
   Yn gwneud i mi sefyll draw.

O fy enaid! Beth sy'n peri
   Iti ofni am y ne';
Os rhoes Iesu iawn digonol,
   Ar Galfaria yn dy le?
Wyt ti'n peidio pwyso gormod
   Ar dy haeddiant gwael dy hun,
Nes cael fod dy seiliau pwdwr,
   Yn malurio o un i un.

Lyncwyd di, fy enaid truan,
   Yn dy wendid llwfr a llesg,
Gan ryw forfil o amheuaeth,
   Nes dy ddwyn i glymau'r hesg?
Edrych eto o'r fan honno,
   Tua'r deml sanctaidd fry,
Mae un yno all dy achub,
   "Eu Gwaredwr hwynt sydd gry'."

Eben Fardd

Mi ymdreiglaf yn fy ngwendid,
  At Iachawdwr dynolryw,
Dyna enw'n cynnwys digon,
  I bechadur gwan gael byw;
Os nad allaf fi ei gyrraedd,
  Gall Efe fy nghyrraedd i;
Ac, os unwaith yn ei afael,
  Dyna hawl i'r nefoedd fry.

Galwaf arnat, Arglwydd, beunydd;
  O! chwanega'm hegwan ffydd;
Gwared fi o'm dwfn gyfyngder,
  Llawenha fy enaid prudd;
Cryf yw rhaffau'r addewidion;
  Ond mae 'ngafael i yn wan;
Fraich dragwyddol, plyg amdanaf!
  Yna, minnau ddof i'r lan.

Cyfoeth Gair Duw

O fewn i ddalennau'r llyfr dwyfol,
  Mae trysor anfeidrol ei faint;
Ei berlau i'r byd a amlyger,
  A'i ddarllen gyfrifer yn fraint;
Mae'r Gair yn agoriad digymar
  I agor ein carchar yn rhwydd;
I agor y pyrth i bob mwyniant,
  Nes delo'r gogoniant i'n gŵydd.

Darllenwn a chwiliwn ein gwala,
  Mae'r Gair mor ddihysbydd o hyd;
Mae ynddo gyflawnder anfeidrol,
  Ar gyfer holl bobol y byd;
Trwy'r Gair y mae'r afon o gariad,
  A. darddodd o'r Duwdod ei hun,
I'n chwyddo i lanw o heddwch
  A môr o ddedwyddwch i'r dyn.

Gair Duw nid yw byth yn heneiddio,
  Mae'n para'n dragywydd mewn gwerth;
Mae'n para mewn golau a rhinwedd,
  Mae'n para mewn sylwedd a nerth;
Mae'r enaid sy'n byw o hyd arno,
  Yn para heb wywo ei wedd;
Ac ar ei fendigaid ddalennau
  Mae'n tarddu ffynhonnau ein hedd.

Emyn Cynhaeaf

Wele'r haul a'r holl gymylau,
    Yn eu swyddau fu'n nesáu;
Nef wrandawodd ar ein daear,
    Lawer hin ar ôl yr hau;
        Duw fu'n peri,
        Duw fu'n peri,
    Boed i ni ei foli'n fawr.

Y tir fu braidd yn methu ateb,
    A'i losg wyneb ar lesgau;
Ond o'r maethlon law gawodydd,
    Yfai'n rhydd i'w ddyfrhau;
        Duw fu'n peri...

Ofnwyd unwaith i'r haul grino,
    Ein hen ddaear fawr ddi-do;
Ond daeth cwmwl tywyll drosto,
    A'i law yn braf i loywi'n bro;
        Duw fu'n peri...

Teimlo buom mai ein haeddiant,
    Ydoedd dioddef newyn du;
Teimlwn eto mai ein dyled,
    Yw moliannu'r Arglwydd cu;
        Ei drugaredd,
        Ei drugaredd,
    Dyma ddaeth â ni i'r lân.

(Cyfansoddwyd yr holl Emynau yma erbyn 1861)

Mynegai Llinellau Cyntaf

A! Dinistr! Dinistr yn donnau—chwalodd 12
Afaon bach! mor fwyn y bu, ... 58
Ai yma y mae'n gorwedd, ...4
Am ladd'r wyt, ymladdwr hyll,—yn erbyn 2
Anghall yw'r dyn a wingo, ...8
Annwyl ferch, ni welaf fi 3
Ar 'nawn awelog yn y dyffryn glwys 28
Cawn gynnig hyn o ganu 32
Dan bren tewfrig yn y goedwig, ... 29
Duw Iôr mawr daear a'i moroedd,—ddwg im' 39
Eifionydd! Eifionydd! fy annwyl Eifionydd, ... 36
Ein hoes, ar ddameg, yw hyn, ... 64
Ffarwel fy ngeneth lawen bêr, ... 35
Ffarwel, Afaon! Dyma'r dydd. 57
I Chwilog rwyf heddiw'n dychwelyd, ... 51
Llangybi!—os wyf fi fardd, ... 59
Mae fy meddwl weithiau'n eang, ... 103
Mae un wrth Gei Caerseiont;— 66
Moel y Gest yn ymyl gaf 101
O ddydd i ddydd rwy'n gweled 102
O fewn i ddalennau'r llyfr dwyfol, ... 107
O! Fy Iesu bendigedig, ... 104
O! Mi wela'r gwynfyd nefol, ... 105
Pwy ŵyr nad heddiw sy'n cwblhau 33
Ti gefaist ddawn o'r iawn ryw, ... 65
Us yn ing loesion angau—yw golud 1
Wele'r haul a'r holl gymylau, ... 108
Y brenin o'i orseddfainc wych 6
Yn bum mlwydd oed dechreuai aidd 54

Ar gael hefyd o www.melinbapur.cymru:

Daniel Owen
Yr Ysmygwr: Rhyddiaith Fer a Barddoniaeth

"Pa fath bobol, syr, ydach chi yn ein galw ni y Cymry? Slaves dienaid a di-ynni yr ydw i yn 'u galw nhw, yn diodde y pla yma ers oesoedd. Mi fyddaf yn synnu na fasen ni ers talwm wedi codi fel un gŵr i ymlid y lot ddiog hyn oddi ar ein porfeydd! Maent yn casáu ein hiaith, ac wedi gneud eu gorau i'n cael dan draed y Saeson, ac ar yr un pryd y maent yn bwyta braster ein gwlad a chynnyrch ein tiroedd
—a ninnau a'n llaw wrth ein het iddynt am neud hynny!"

Daniel Owen oedd awdur rhyddiaith bwysicaf ei oes. Er mai am ei nofelau y cofir ef yn bennaf, ysgrifennodd hefyd nifer o weithiau byrrach ar ffurf straeon byrion ac ysgrifau; roedd hefyd yn fardd achlysurol.

Casglwyd rhai o'r gweithiau hyn mewn cyfrol yn 1886 yn *Y Siswrn*, a brofodd yn un o gyhoeddiadau mwyaf poblogaidd y bedwaredd ganrif ar bymtheg. Mae'r gyfrol hon yn cynnwys holl gynnwys y gyfrol honno, gan gynnwys stori fer orau'r awdur, *Yr Ysmygwr*, ynghyd a nifer fawr o weithiau ychwanegol na chawsant eu cyhoeddi erioed o'r blaen ar ffurf cyfrol; hwn hefydyw'r casgliad mwyaf o a gyhoeddwyd erioed o farddoniaeth Daniel Owen.

Ar gael hefyd o www.melinbapur.cymru:

Selma Merbaum
Cerddi 1939-1941

"Rwyf am fyw...
Rwyf am chwerthin...
ac ymladd a charu a chasáu...
Nid wyf am farw. Na."

Ganed Selma Merbaum yn Czernowitz (heddiw Chernivtsi yn Wcráin) ym 1924. Bu farw o deiffws ym 1942 yng ngwersyll llafur Mikhailowka a reolwyd gan yr SS. Medrai Selma Almaeneg, Iddeweg a Rwmaneg, ond yn Almaeneg ysgrifennodd ei cherddi.

Ar ôl cyhoeddi Blütenlese ('Cynhaeaf Blodau') yn Israel ym 1976, dechreuwyd cymryd diddordeb yn ei cherddi yn yr Almaen, ac fe'i dilynwyd gan gyfieithiadau i Iddeweg, Hebraeg, Saesneg, Iseldireg, Sbaeneg, Wcraineg, ac nawr i'r Gymraeg.

Mae'r cyfieithiad Cymraeg hwn o'r casgliad cyflawn gan Mary Burdett-Jones yn gosod y cerddi yn y drefn y cawsant eu hysgrifennu fel bod modd olrhain datblygiad llais barddonol y bardd.

Ar gael hefyd o www.melinbapur.cymru:

E. Prosser Rhys
Atgof a Cherddi Eraill

*"Soniasom am y pethau ffôl na ŵyr
Ond llanciau gaffael ynddynt liw na gwres,
Y pethau a gerdd ar lanw eu gwaed fin hwyr,
A phorthi heb borthi'u blys; a'u tynnu'n nes."*

Roedd Edward Prosser Rhys (1901-1945) yn fardd, newyddiadurwr a chyhoeddwr llyfrau wnaeth gyfraniad sylweddol i fywyd Cymraeg yn ystod ei fywyd cymharol fyr fel sefydlydd Gwasg Aberystwyth a'r Clwb Llyfrau Cymraeg.

Fel bardd, hwyrach y bydd yn parhau'n fwyaf adnabyddus am ei bryddest, Atgof, a enillodd iddo Goron Eisteddfod Genedlaethol 1924; cerdd a greodd gryn ddadlau oherwydd ei bod yn cynnwys portreadau di-gamsyniol o gyfathrach rywiol, gan gynnwys cyfeiriad di-amwys at gyfathrach rywiol rhwng dau ddyn. Fodd bynnag, dim ond un agwedd oedd hon ar feiddgarwch barddoniaeth y ffigwr pwysig hwn.

Dyma'r cyhoeddiad cyntaf o farddoniaeth Prosser Rhys ers yr 1940au. Mae'r rhagair estynedig gan Gareth-Evans Jones yn cyflwyno'r bardd ac yn gosod y cerddi yn eu cyd-destun.

www.melinbapur.cymru

Dilynwch ni ar:

X (@melinbapur)
Facebook (@melinbapur

www.ingramcontent.com/pod-product-compliance
Lightning Source LLC
Chambersburg PA
CBHW061221070526
44584CB00029B/3920